JAMIE COCINA EN
ITALIA

DESDE EL CORAZÓN DE LA COCINA ITALIANA

Grijalbo

DEDICADO A GENNARO CONTALDO Y AL FALLECIDO ANTONIO CARLUCCIO

Hace más de 25 años que me enamoré de la cocina italiana. Por lo tanto, no se me ocurre nadie mejor a quien dedicarle este libro que a Antonio, mi primer jefe en Londres. Mientras trabajaba para él conocí a Gennaro, mi primer mentor y en la actualidad mi mejor amigo. Ambos me inculcaron una increíble pasión por todo lo italiano. Debido al triste fallecimiento de Antonio, acaecido el año pasado, me resulta aún más emotivo dedicarles a ambos este libro, a su amistad y a todo lo que han hecho para engrandecer y divulgar la cocina italiana en todo el mundo.

CONTENIDO

¡VIVA ITALIA!

Me encanta Italia, nunca me canso de ella. En las páginas siguientes, encontrarás las últimas recetas de estilo italiano que he creado. Todas ellas combinan un excelente sabor con grandes cualidades nutritivas, de modo que te ayudarán a crear una comida que, sin duda, te hará sentir feliz. El objetivo es llegar directo al corazón de la cocina italiana y, también, rendir un homenaje a la indiscutible alegría de la gran comida italiana. Un placer absoluto.

Italia conserva aún uno de sus rasgos distintivos más maravillosos: todos sus habitantes sienten auténtica pasión por la comida. Los italianos siempre han considerado que la comida está hecha para compartirla y, a su vez, todo lo que hacen gira en torno a la comida. Y lo que es más importante: con independencia de lo ricos o lo pobres que sean, la mayoría de los italianos comen muy bien, pues la comida simple, atractiva y asequible es la norma. Si deseas cocinar algunas de las comidas más espectaculares para disfrutar en familia y con amigos, te será de gran ayuda adoptar la actitud italiana: sentir verdadera obsesión por los ingredientes de estación, comprar lo justo y necesario, cocinar de un modo sencillo, pero con sentido común, y añadir un poco del ingrediente mágico: amor.

Me gustaría que este fuera tu libro de cocina italiana de referencia, un manual de platos exquisitos con opciones para cualquier día de la semana. Las recetas son una combinación realista de cocina rápida y lenta, clásicos conocidos y preparaciones nuevas que he aprendido, platos sencillos para cada día y opciones fantásticas, sibaritas y laboriosas para esos momentos en los que dispones de más tiempo para pasar en la cocina. No es casualidad que la comida italiana se aclame en todo el mundo, y este libro te ayudará a crear en casa las condiciones adecuadas para que los aromas cuando cocines estas recetas y los sabores cuando las comas te transporten a los paisajes italianos. Tanto si ya has estado en Italia como si no, espero servirte de inspiración para que visites este maravilloso país.

Durante los últimos 25 años, he tenido la gran suerte de visitar Italia en repetidas ocasiones, y durante ese tiempo he visto, aprendido, probado y bebido muchas cosas maravillosas. Pero también he percibido un cambio en la cultura gastronómica italiana. Las tradiciones y recetas clásicas de las verdaderas matriarcas de la cocina, las nonnas y las mammas, que son el alma de los hogares italianos, corren el riesgo de desaparecer. El increíble patrimonio que se ha transmitido de generación en generación se está extinguiendo con el paso del tiempo; la vida es cada vez más ajetreada y la tecnología nos permite dedicar menos tiempo a la cocina. Mi objetivo es mostrarte que, a pesar de todo, preparar una buena comida italiana puede ser muy fácil.

Así que, en los dos últimos años, he vuelto a recorrer toda Italia, donde siempre hay mucho que descubrir, y he conocido a nonnas y a mammas, muchas de las cuales han cocinado durante más de cincuenta años. He tenido el honor de cocinar con estas maravillosas mujeres y aprender algunos de sus secretos. Todas las que he conocido en este viaje quisieron compartir conmigo las recetas y consejos que atesoran para que, a mi vez, pudiera transmitírtelas a ti y mantener vivas sus tradiciones.

He interiorizado toda esta increíble sabiduría, ya fueran recetas básicas, combinaciones de sabores, consejos o técnicas, con dos objetivos. Por un lado, compartir contigo la auténtica alma de la cocina italiana y animarte a experimentar por ti mismo sus tradiciones y su cultura, y por otro, conseguir unas recetas renovadas que se puedan poner en práctica de un modo accesible en las condiciones actuales.

A nivel personal, también quería aprovechar la oportunidad de viajar a Italia con mi querido, mejor amigo y mentor Gennaro Contaldo, uno de los caballeros que aparecen en la página de dedicatorias de este libro. Gennaro ha sido la fuerza motriz que ha impulsado mi amor por todo lo italiano desde los años noventa, cuando lo conocí en el restaurante Neal Street, de Antonio Carluccio. Para mí ha sido muy importante tener a Gennaro a mi lado en este viaje, ayudándome a conectar con la gente que íbamos conociendo, creando nuevos recuerdos juntos y, en general, ¡provocando un caos culinario total!

Así que, por favor, siéntate, relájate y ve pasando las páginas. Espero que encuentres en ellas mucha inspiración para poner manos a la obra y cocinar al estilo italiano.

ANTIPASTI

TABLA DE ANTIPASTI

En Italia, los antipasti son de lo más habitual. Básicamente consisten en una interminable variedad de pequeños bocados que se comen antes de lanzarse sobre un plato de pasta. La clave de unos buenos antipasti es utilizar productos de estación y locales, y también sorprendentes productos en conserva que se hayan preparado en otros momentos del año. Me gusta pensar que es la versión italiana de un pícnic de mesa y, aunque estoy seguro de que mucha gente tendrá una opinión sobre lo correcto y lo incorrecto, para mí consisten en disfrutar lo que se tiene a mano y todo lo que sea buenísimo. Se trata de buscar lo mejor de lo mejor en cuanto a ingredientes y pasarlo bien.

PERFECTO PARA COMPARTIR

Una buena tabla de antipasti debe ofrecer contraste no solo visual, en la combinación de colores, sino también en cuanto a sabores, texturas e incluso temperaturas. Piensa en frutas dulces, carnes curadas saladas, verduras amargas, focaccias suaves, crujiente carta da musica, cremosa burrata fría, tostadas calientes, pecorino y encurtidos. Dispón los elementos con alegría y sentido común a partir de combinaciones que funcionan. Puedes incluir desde hortalizas hasta carne, pescados y frutos secos; ya me entiendes. Invierte en una tabla de madera grande para servir tu selección y colócala en alto sobre unas latas, un montón de libros o, por qué no, unos ladrillos. Es divertido, interactivo y un gran tema de conversación.

TOSTADAS CON BOQUERONES

HINOJO, AJÍ PICANTE Y LIMÓN

~~~~~~

Con este plato tan atractivo quiero mostrarte lo estupendos que son los boquerones. En esta ingeniosa receta vamos a asarlos a la parrilla sobre tostadas para retener los increíbles aceites repletos de sabor que los boquerones desprenden al cocinarse. Inténtalo una vez y nunca te arrepentirás. Si preparas este plato con sardinas, el resultado será igual de delicioso.

PARA 4-6 PERSONAS | 25 MINUTOS

18 boquerones enteros
  (u 8–12 sardinas frescas)

1 cucharadita colmada
  de semillas de hinojo

una buena pizca de ají picante
  rojo seco en escamas

1 limón

aceite de oliva

1 hogaza pequeña de pan
  casero o chapata

opcional: hojas de hinojo
  fresco

Limpiar los boquerones quitando la cabeza y las tripas. Secar con papel de cocina; luego, usando el índice y el pulgar, abrirlos. Retirar la espina separándola completamente de los filetes; así estos podrán separarse y también se podrán quitar las colas. Poner los boquerones en un bol poco profundo, esparcir por arriba las semillas de hinojo y las escamas de ají picante, rallar la mitad de la cáscara de limón bien fina, exprimir la mitad del jugo, añadir 2 cucharadas de aceite y mezclar todo con los dedos.

Precalentar el horno a temperatura máxima. Con un cuchillo de sierra, cortar la base y luego la parte superior del pan para obtener un círculo de 2 cm de grosor (puede usarse el pan sobrante para hacer pan rallado para otras recetas). Untar una sartén con un poco de aceite, poner el pan y luego disponer encima los boquerones marinados con la piel hacia arriba, solapándolos o haciendo dos capas si fuera necesario. Regarlos con el aliño sobrante. Presionar los boquerones hacia abajo introduciéndolos en el pan para que se cocinen.

Poner la sartén a fuego fuerte 4 minutos para tostar la base; luego, ponerla a gratinar 2 minutos (4 minutos si son sardinas) para hacerlos por arriba. Sazonar, esparcir unas hojas de hinojo, si lo usas, cortar en porciones y servir con gajos de limón. Dale un mordisco y sé feliz.

CALORÍAS	GRASAS	GRASAS SATURADAS	PROTEÍNAS	CARBOHIDRATOS	AZÚCAR	SAL	FIBRA
309 kcal	12,2 g	2 g	16,2 g	35,6 g	2,2 g	0,7 g	2,2 g

CROQUETAS DE ARROZ

SUPPLÌ AL TELEFONO RELLENOS DE MOZZARELLA

~~~~~~

Al partir por la mitad estas croquetas aparece una larga hebra de mozzarella, y entonces todo el mundo grita «supplì al telefono», en referencia a los cables de los teléfonos, de ahí su gracioso nombre. En esta receta he sido monotemático y he rellenado estas delicadas bolitas solo con mozzarella, pero puedes presumir de estilo propio añadiendo una pizca de chile seco o hierbas frescas, un trocito de anchoa, pesto, hongos, morrón o sustituir la mozzarella por otro tipo de queso.

PARA 8 PERSONAS | 1 HORA 10 MINUTOS

la mitad del risotto que se obtiene con la receta de la pág. 148

200 g de harina blanca

200 g de pan rallado fresco

2 huevos grandes

1 nuez moscada para rallar

1 bola de mozzarella de 125 g

50 g de parmesano

1 litro de aceite de girasol para freír

1 limón

Preparar el risotto blanco (véase pág. 148) la víspera, pero sin añadirle más caldo, solo manteca y parmesano, para que quede suficientemente firme como para formar bollos. Enfriarlo rápidamente y guardarlo en la heladera toda la noche. Al día siguiente, poner la harina, el pan rallado y los huevos en tres cuencos poco profundos. Rallar un poco de nuez moscada en los huevos, sazonar y batirlos bien.

Cortar la mozzarella en 24 trozos pequeños. Rallar fino el parmesano y mezclarlo con el risotto frío; luego, con las manos húmedas, tomar una porción del tamaño de una pelota de golf y aplastar el centro con el dedo. Poner un trozo de mozzarella en el hueco y taparla con el arroz dándole la forma de una croqueta. Pasarla por harina y huevo, escurriendo el exceso, y rebozarla bien con el pan rallado. Repetir hasta terminar con todos los ingredientes; me encanta tener ayudantes, uno encargado de cada cuenco.

Poner el aceite de girasol en una sartén grande de fondo grueso a fuego medio-fuerte y calentarlo a 160 °C. Freír las croquetas en tandas, sumergiendo una cuarta parte en el aceite caliente durante 7 minutos, hasta que estén doradas y crujientes por fuera y cremosas por dentro. Ponerlas en una fuente con papel de cocina para eliminar el exceso de aceite. Dejar que el aceite vuelva a recuperar su temperatura antes de freír la siguiente tanda. Son deliciosas con un chorrito de jugo de limón y una cerveza fría.

CALORÍAS	GRASAS	GRASAS SATURADAS	PROTEÍNAS	CARBOHIDRATOS	AZÚCAR	SAL	FIBRA
518 kcal	29,4 g	8 g	16 g	48,9 g	2,1 g	1,1 g	1,7 g

SUFLÉ DE PRIMAVERA

SALSA DE QUESO CREMOSA

~~~~~~

La cocina turinesa está muy influida por la francesa. Tuve la oportunidad de cocinar un suflé clásico con la baronesa Susanna, una encantadora dama apasionada por la flexibilidad y versatilidad de este tipo de platos (aunque sus nietos lo prefieren solo con arvejas). Mi intención era incorporar todas las verduras de temporada, como hace Susanna, pero he simplificado y aligerado la receta, que puede ser tanto un buen primer plato como un almuerzo sencillo.

PARA 6 PERSONAS | 1 HORA 20 MINUTOS

1 cebolla

1 zucchini firme

aceite de oliva

1 manojo de espárragos (350 g)

3 ramitas de menta fresca

100 g de arvejas frescas
    desgranadas

100 ml de Pinot Blanco

6 huevos grandes

SALSA

20 g de manteca y un poco
    más para enmantecar

30 g de harina blanca

500 ml de leche semidescremada

100 g de parmesano

1 nuez moscada para rallar

100 g de queso toma, fontina
    o taleggio

Pelar la cebolla, picarla fina junto con el zucchini y ponerlo en una sartén grande a fuego medio-fuerte con 2 cucharadas de aceite. Rehogar 10 minutos, removiendo de vez en cuando. Mientras, desechar los extremos leñosos de los espárragos, cortarlos en rodajas finas y reservar algunos enteros. Picar finas las hojas de menta. Añadirlas a la sartén con los espárragos en rodajas, las arvejas y el vino. Cocer 10 minutos más o hasta que estén tiernos. Cortar los espárragos reservados por la mitad longitudinalmente y escaldarlos en agua salada hirviendo 2 minutos. Escurrir. Precalentar el horno a 180 °C.

Mientras, preparar la salsa derritiendo la manteca en una cacerola a fuego medio. Añadir la harina, mezclar bien y verter la leche poco a poco sin dejar de batir hasta que no queden grumos. Cocer suavemente 5 minutos. Rallar casi todo el parmesano y la nuez moscada, desmenuzar el queso, probar y sazonar a gusto. Verter la mitad de la salsa en la sartén con las verduras y mezclar todo, dejar enfriar a temperatura ambiente. Reservar el resto de la salsa.

Separar las yemas de las claras y mezclar las yemas con las verduras. Batir las claras hasta que estén firmes e incorporarlas a las verduras. Untar con manteca tres fuentes de horno pequeñas o medianas, repartir la mezcla y colocar encima los espárragos escaldados. Rallar el parmesano restante, hornear 15 minutos o hasta que esté dorado y haya subido. Calentar el resto de la salsa y servir aparte.

CALORÍAS	GRASAS	GRASAS SATURADAS	PROTEÍNAS	CARBOHIDRATOS	AZÚCAR	SAL	FIBRA
391 kcal	25,8 g	11,6 g	24,6 g	14,4 g	8,4 g	1 g	1,7 g

PESCADO CRUDO

DELICADO, CRUDO Y SUPERFRESCO

~~~~~~

PARA 6 PERSONAS | 1 HORA

RÓBALO Cortar **2 filetes de róbalo** (sin piel ni espinas) en fetas finas y colocarlas en un plato. Retirar las semillas y picar **½–1 ají picante rojo fresco**, esparcirlo por arriba con una pizca de sal marina y rociar con **aceite de oliva extra virgen suave**. Picar fino un trozo de **manzana**, mezclar con el jugo de **1 limón** y esparcirla encima. Dejar reposar 10 minutos o hasta que el pescado cambie de color. Terminar con hojas de **hinojo fresco**.

BOQUERONES FRESCOS Limpiar **10-12 boquerones frescos** (véase pág. 14). Exprimir el jugo de **1 limón** en un plato, regar con **aceite de oliva extra virgen suave** y sazonar con un poco de sal marina. Esparcir por arriba las hojas de unas ramitas de **perejil** picadas finas, mojar los boquerones con el aliño y colocarlos alrededor del plato, con la piel hacia arriba. Regar con un poco más de aceite y servir.

SALMONETE Cortar en diagonal **2 filetes de salmonete** (escamados y sin espinas) en trozos de ½ cm y colocarlos en una fuente. Rallar por encima la cáscara de **½ limón**, exprimir el jugo y dejar reposar 10 minutos o hasta que el pescado cambie de color. Desgranar unas **arvejas frescas** y esparcirlas por arriba con un poco de **rúcula**. En la foto, solo por diversión, volví a poner los filetes con la cabeza y la cola del pescado, pero puedes servirlo como quieras. Terminar rociando con **aceite de oliva extra virgen suave** y una pizca de sal marina.

DORADA Cortar **2 filetes de dorada** (escamados y sin espinas) en fetas finas y colocarlas en un plato. Añadir unos **tomates cherry maduros** cortados en cuartos, exprimir el jugo de **1 limón** y dejar reposar 10 minutos o hasta que el pescado cambie de color. Esparcir por encima unas **hojitas de albahaca**, sazonar y regar con **aceite de oliva extra virgen suave**.

LANGOSTINOS En una tabla, picar finos **4 langostinos grandes crudos** (pelados y desvenados). Rallar fina la cáscara de **¼ de naranja** y exprimir por encima ¼ de su jugo junto con el jugo de **½ limón**, sazonar con sal marina y pimienta negra, mezclarlo y disponerlo en el centro de un plato. Pelar y desvenar otros **6 langostinos** y colocarlos alrededor del plato, exprimir por encima el resto del jugo de naranja y limón, y dejar marinar de 15 a 20 minutos o hasta que cambien de color. Rociar con **aceite de oliva extra virgen suave**, unas **flores frescas** y unas **escamas de ají picante rojo seco**. Puedes añadir cigalas a la mezcla; son deliciosas.

CALORÍAS	GRASAS	GRASAS SATURADAS	PROTEÍNAS	CARBOHIDRATOS	AZÚCAR	SAL	FIBRA
225 kcal	12,5 g	1,8 g	25,6 g	2,6 g	2.1 g	1,5 g	0,6 g

BRUSCHETTA DE PRIMAVERA

ESPÁRRAGOS CRUDOS, RICOTA, ALBAHACA FRESCA Y PARMESANO

El espárrago es una de las primeras hortalizas que despunta del suelo cuando llega la primavera. Cuando son tiernos y están recién cosechados, los espárragos son muy dulces, perfumados y nutritivos: un auténtico placer. Nada mejor que rendirles los honores en crudo, aplastándolos para crear un maravilloso ingrediente para una bruschetta que será una delicia a cualquier hora del día.

PARA 6 PERSONAS | 30 MINUTOS

1 manojo de espárragos (350 g)

1 manojo de albahaca
fresca (30 g)

2 limones

50 g de parmesano y un poco
más para servir

250 g de ricota de calidad

aceite de oliva extra virgen
de primera presión en frío

6 rebanadas de pan de centeno
o de masa fermentada

1 diente de ajo

Cortar y desechar los extremos leñosos de los espárragos y, con un pelador de verduras, cortarlos en cintas. Poner los trozos sobrantes en un mortero con una pizca de sal marina. Reservar las hojitas más pequeñas de albahaca y añadir el resto al mortero. Machacarlas hasta obtener una pasta y desleírla con el jugo de medio limón. Añadir el parmesano rallado, la ricota (pasarlo a un bol si el mortero estuviera demasiado lleno) y 1 cucharada de aceite. Probar, sazonar a gusto con pimienta negra.

Tostar el pan en una plancha hasta que esté dorado y crujiente. Cortar el diente de ajo por la mitad y restregarlo por encima de las tostadas; rociar con aceite. Con una cuchara, extender la mezcla de ricota y disponer encima las cintas de espárragos y las hojitas de albahaca. Terminar con unas virutas de parmesano y servir con gajos de limón para exprimir.

CALORÍAS	GRASAS	GRASAS SATURADAS	PROTEÍNAS	CARBOHIDRATOS	AZÚCAR	SAL	FIBRA
250 kcal	11,3 g	5,1 g	13 g	25,5 g	3,1 g	1 g	2,2 g

TORTILLA DE MONTAÑA

QUESOS ALPINOS, JAMÓN Y MERMELADA DE AJÍ PICANTE

Lo que más me cautiva de esta tortilla es su exquisita delicadeza. Es fácil de preparar, aunque hay que ser rápido: basta con enrollar una delgada tortilla poco hecha en torno a los quesos derretidos y una finísima fetas de jamón con un chorrito de mermelada de ají picante, y luego colocarla directamente sobre unas tostadas calientes. Estará deliciosa como desayuno, brunch, almuerzo o, mejor aún, como tentempié nocturno. Puede ser simple y cotidiana o compleja y artesanal: su éxito dependerá de los quesos que compres y la proporción en que los mezcles. Aquí he sugerido quesos italianos, pero no hay problema si te decides por otros.

PARA 1-2 PERSONAS | 5 MINUTOS

1 rebanada gruesa de pan
    de centeno

2 huevos grandes

30 g de quesos cremosos,
    como toma valdostana,
    toma di Gressoney, fontina
    o parmesano

2 fetas finas de jamón

1-2 cucharaditas de
    mermelada de ají picante

1 cucharada de manteca

aceite de oliva extra virgen

Tostar el pan. Poner una sartén antiadherente de 30 cm a fuego medio-fuerte. En un cuenco, batir los huevos con una pizca de sal marina y pimienta negra. Rallar los quesos. Tener a mano las fetas de jamón y la mermelada de ají picante.

Poner la manteca en la sartén y cuando empiece a crepitar, al cabo de unos segundos, verter los huevos y mover la sartén para que cubran toda la base. Poner encima los quesos mezclados, extender el jamón y esparcir la mermelada de ají picante. Una vez puestos los ingredientes, la tortilla ya estará hecha.

Inclinar y girar la sartén. Con una espátula de goma, hacer rodar la tortilla por la sartén, doblándola por los lados hasta la mitad y haciéndola rodar de nuevo para formar muchas capas de tortilla, queso cremoso y jamón (no hay que preocuparse por la técnica; se puede doblar simplemente como una tortilla normal). Poner la tortilla sobre la tostada y rociar con aceite de oliva extra virgen. Disfruta de este momento, ¡podrás tocar el cielo!

CALORÍAS	GRASAS	GRASAS SATURADAS	PROTEÍNAS	CARBOHIDRATOS	AZÚCAR	SAL	FIBRA
562 kcal	38,2 g	15,6 g	30,7 g	26,6 g	4,6 g	2,7 g	2,3 g

RAFANATA

PASTEL DE PAPA CON RÁBANO PICANTE, PANCETA Y PECORINO

La palabra *rafanata* deriva de *rafano*, que significa «rábano picante», el ingrediente clave de este delicioso plato. Córtalo en rodajas y sírvelo como tentempié o como parte de un aperitivo, o como a mí más me gusta, como acompañamiento de cualquier carne asada o a la parrilla. Servida con una simple ensalada de hojas constituirá un fantástico almuerzo para cuatro personas afortunadas.

PARA 8-12 PERSONAS | 1 HORA 20 MINUTOS

600 g de papa

2 cucharadas de manteca

leche semidescremada

50 g de pecorino o parmesano

5 cm de rábano picante fresco, y un poco más para servir

3 huevos grandes

100 g de panceta ahumada

100 g de pan recién rallado grueso

Pelar las papas, cortarlas en trozos grandes y cocerlas en agua hirviendo salada de 15 a 20 minutos, o hasta que estén tiernas. Escurrir y dejar secar unos 2 minutos. Ponerlas de nuevo en la cacerola. Añadir una cucharada bien colmada de manteca y un chorrito de leche, rallar el queso y el rábano pelado, y agregar los huevos. Aplastarlas para conseguir un puré y mezclar bien. Salpimentar y reservar.

Precalentar el horno a 200 °C. Cortar la panceta y ponerla en una sartén de 18 cm antiadherente que pueda ir al horno. Freírla a fuego medio y, cuando la panceta empiece a dorarse, añadir el pan rallado. Removerlo, apartar del fuego cuando esté dorado y crujiente, y mezclarlo con el puré de la cacerola.

Pasar el puré a la sartén, alisándolo con una ligera curva. Freírlo a fuego medio 5 minutos, girando la sartén para formar un bonito borde redondeado. Separar los bordes con una espátula, levantar ligeramente y deslizar la otra cucharada de manteca por debajo. Una vez derretida, colocar un plato encima de la sartén, darle la vuelta cuidadosamente y deslizar de nuevo la rafanata en la sartén. Hornear durante 30 minutos o hasta que esté dorada y bien caliente. Servir con más rábano picante rallado por encima, a gusto.

CALORÍAS	GRASAS	GRASAS SATURADAS	PROTEÍNAS	CARBOHIDRATOS	AZÚCAR	SAL	FIBRA
227 kcal	13 g	6 g	9,2 g	20 g	1,4 g	1 g	1,6 g

CARPACCIO DE ATÚN

ALIÑO DE AJÍ PICANTE AHUMADO, ALCAPARRAS Y ORÉGANO

El momento más emocionante de la preparación de este plato llega cuando tu pescadero te presenta un trozo de atún increíblemente fresco, de óptima calidad y color oscuro. El asado exterior proporciona contraste y textura, mientras que el aderezo revela toda la riqueza del pescado crudo y aporta maravillosos matices de sabor. Todo el mundo te lo agradecerá.

PARA 6 PERSONAS | 30 MINUTOS

2 cucharadas de alcaparras
pequeñas en salmuera

3 ajíes picantes frescos de
distintos colores

1 cucharada de orégano seco,
si es posible con flores

500 g de atún muy fresco
en una porción

aceite de oliva

2 limones

aceite de oliva extra virgen

1 diente de ajo

4 filetes de anchoa en aceite

1 cucharadita de semillas
de hinojo

100 g de tomates cherry
maduros de distintos colores

20 g de rúcula

En un bol con agua, poner en remojo las alcaparras. Pinchar los ajíes picantes, chamuscarlos sobre la hornalla, ponerlos en un cuenco y taparlos con film. Sazonar el atún con el orégano, una pizca de sal marina y pimienta negra, darles unas palmaditas para que penetren bien y bañar con 1 cucharada de aceite de oliva. Marcar el atún en una sartén a fuego fuerte solo 30 segundos de cada lado (incluidos los bordes). Ponerlo sobre una tabla.

Escurrir las alcaparras, ponerlas de nuevo en el bol, exprimir por arriba el jugo de 1½ limones y aliñar con 2 cucharadas de aceite de oliva extra virgen. Añadir el ajo pelado y picado fino, las anchoas picadas pequeñas y las semillas de hinojo. Retirar la piel chamuscada de los ajíes picantes, abrirlos por la mitad y quitar las semillas. Cortarlos longitudinalmente muy finos y mezclarlos en el bol.

Cortar el atún en fetas lo más finas posible, disponerlas en una fuente grande o repartirlas entre seis platos. Con una cuchara, regar con el aliño, cortar los tomates en cuartos y repartirlos junto con la rúcula. Servir enseguida con gajos de limón.

CALORÍAS	GRASAS	GRASAS SATURADAS	PROTEÍNAS	CARBOHIDRATOS	AZÚCAR	SAL	FIBRA
156 kcal	7,1 g	1,1 g	22,1 g	1,1 g	1 g	0,9 g	0,4 g

CHIPS DE ACELGAS

RICOTA BATIDA, AJÍ PICANTE EN POLVO Y ANCHOAS

Debo confesar que cocinar verduras hasta que estén crujientes como en esta receta no es una técnica italiana, pero aderezar unas hermosas verduras escaldadas con buen aceite y otros condimentos definitivamente sí lo es. Esta receta surgió después de que yo dejara unas hortalizas cerca de mi horno de leña, un error que se revelaría increíblemente delicioso, pues creó un maravilloso recipiente individual que, relleno con un poco de ricota batida, ají pincate y anchoas, hace enloquecer a los comensales.

PARA 12 PERSONAS | 45 MINUTOS

24 hojas de acelga medianas

aceite de oliva

50 g de parmesano

1 limón

250 g de ricota de calidad

aceite de oliva extra virgen

6 filetes de anchoa en aceite

1 cucharadita de ají picante rojo seco en escamas

Precalentar el horno a 150 °C. Retirar las puntas duras de los tallos de las acelgas y lavar muy bien las hojas. Secarlas con papel de cocina, rociarlas con 3 cucharadas de aceite de oliva, sazonar con sal marina y mezclar con los dedos para asegurarnos de que cada hoja esté bien aliñada. Disponerlas en fuentes de horno en una sola capa, sin que se solapen; así todas las hojas quedarán bien crujientes. Hornear 20 minutos o hasta que estén crujientes: usa tu intuición.

Mientras, rallar el parmesano y la mitad de la cáscara de limón en un bol, y exprimir la mitad del jugo. Añadir la ricota y 2 cucharadas de aceite de oliva extra virgen, y aplastar todo con un tenedor. Probar y sazonar a gusto con un poco de sal y pimienta negra. Escurrir las anchoas, cortarlas en tiras finas y regar con el resto del jugo de limón. Machacar las escamas de ají picante en un mortero hasta obtener un polvo fino.

Servir las hojas crujientes de acelga con una cucharada de ricota batida, una tira de anchoa y una pizca de ají picante en polvo. Doblarlas, enrollarlas y disfrutar de las hojas crujientes.

CALORÍAS	GRASAS	GRASAS SATURADAS	PROTEÍNAS	CARBOHIDRATOS	AZÚCAR	SAL	FIBRA
117 kcal	9,1 g	3 g	5,7 g	3,6 g	1,1 g	1 g	0 g

VERDURAS AL HORNO

TOMATES, ZUCCHINIS, BERENJENAS, ALBAHACA Y SCAMORZA AHUMADA

Poner verduras doradas por capas intercalando hierbas y quesos para sacar lo mejor de ellas crea un plato atractivo, reconfortante y delicioso. También resulta fantástico como plato principal con una ensalada.

PARA 8-12 PERSONAS | 2 HORAS 15 MINUTOS

aceite vegetal para freír

3 zucchinis de distintos colores

3 berenjenas (750 g en total)

100 g de harina blanca

5 huevos grandes

30 g de albahaca fresca

50 g de parmesano

100 g de scamorza ahumada

4 tomates grandes maduros
   de distintos colores

SALSA

1 cebolla

2 dientes de ajo

aceite de oliva

75 g de aceitunas verdes
   (con carozo)

800 g de tomates perita
   en conserva

Precalentar el horno a 180 °C. Para la salsa, pelar la cebolla y el ajo y picarlos finos, y ponerlos en una cacerola a fuego medio con 1 cucharada de aceite de oliva. Descarozar y cortar en trozos las aceitunas, cocer todo 5 minutos o hasta que se ablande, removiendo de vez en cuando. Estrujar los tomates con las manos limpias, pasar un chorrito de agua por las latas vacías y echarla a la cacerola. Sazonar. Cocer a fuego lento hasta que se vaya a usar.

Mientras, calentar 2 cm de aceite en una cacerola grande, ancha y de base gruesa a fuego medio. Cortar los zucchinis y las berenjenas en rodajas de 1 cm de grosor. Poner la harina en un plato con una pizca de sal. Batir los huevos con una pizca de sal marina en un bol. En tandas, rebozar las rodajas de verduras con la harina y pasarlas por el huevo. Escurrir el exceso y sumergirlas en el aceite. Freír hasta que estén doradas por ambos lados, escurrir sobre papel absorbente y reponer el aceite si fuera necesario.

Cubrir con una capa de berenjenas la base de un molde desmontable hondo de 23 cm o una fuente de horno. Poner algunas hojas de albahaca por encima, extender 2 cucharadas de salsa, rallar un poco de parmesano y añadir la scamorza en rodajas. Poner otra capa de zucchinis y repetir hasta terminar las rodajas. Cortar los tomates y ponerlos encima. Presionar hacia abajo para compactarlo, regar con aceite de oliva y sazonar. Si se usa un molde desmontable, forrar la base con papel de aluminio para recoger todos los jugos y ponerlo encima de una fuente de horno. Hornear 30 minutos o hasta que esté dorado. Sacar del horno y dejar enfriar a temperatura ambiente. Desmoldar y servir con la albahaca sobrante.

CALORÍAS	GRASAS	GRASAS SATURADAS	PROTEÍNAS	CARBOHIDRATOS	AZÚCAR	SAL	FIBRA
434 kcal	33,8 g	6,9 g	14,5 g	19,9 g	8,9 g	1,5 g	1,9 g

BRUSCHETTA DE BURRATA

ENDIBIA ASADA AGRIDULCE CON CORAZÓN DE APIO

Una bruschetta, que vendría a ser un bocadillo italiano abierto, consumida como entrada, antipasto o tentempié, te brinda la oportunidad de rendir un auténtico homenaje a los productos de temporada en su mejor momento. Creo que es una apuesta atrevida pero segura limitarse a poner algo sabroso sobre una tostada y servirlo para empezar una cena. ¡Una auténtica maravilla!

PARA 4 PERSONAS | 50 MINUTOS

4 endibias blancas o rojas

1 corazón de apio

2 ramitas de romero fresco

aceite de oliva

4 naranjas

1 cucharada de miel líquida

1 cucharada de vinagre
de vino tinto

4 rebanadas de pan de
masa madre

1 diente de ajo

aceite de oliva extra virgen

200 g de burrata

2 ramitas de perejil

opcional: ½–1 ají picante
rojo fresco

Precalentar el horno a 200 °C. Limpiar la endibia y cortarla por la mitad longitudinalmente. Limpiar el apio y cortar 10 cm desde la base, guardando la mitad superior para otras recetas y reservando las hojas amarillas interiores. Con un pelador, retirar la base y las partes fibrosas; luego, cortar el apio en tiras largas de 1 cm de grosor. Poner las endibias y el apio en una fuente de horno. Esparcir las hojitas de romero, aliñar con un poco de aceite de oliva, una pizca de sal marina y pimienta negra, y remover para que quede bien cubierto. Hornear 25 minutos.

Sacar la fuente del horno y ponerla en las hornallas a fuego fuerte. Exprimir por arriba el jugo de naranja, rociar con la miel y el vinagre, verter un chorrito de agua y dejar que hierva. Remover y hornear de nuevo 10 minutos o hasta que se haya caramelizado y el líquido se haya reducido.

Tostar el pan, cortar el diente de ajo y restregarlo por encima de las tostadas; ponerlas en los platos. Aliñar con un poco de aceite de oliva extra virgen y disponer encima la burrata en trozos. Con una cuchara, disponer por arriba las endibias y el apio asados, y bañar con el líquido de cocción. Poner las hojas de perejil y las de apio reservadas. Esparcir un poco de ají picante cortado fino, si lo desea.

CALORÍAS	GRASAS	GRASAS SATURADAS	PROTEÍNAS	CARBOHIDRATOS	AZÚCAR	SAL	FIBRA
342 kcal	14,9 g	7,7 g	12,8 g	42,1 g	20,3 g	1,7 g	2 g

PROSCIUTTO CON FRUTA

Combinar carnes curadas en sal de buena calidad, como el prosciutto, con el fresco dulzor de la fruta de estación puede dar un resultado maravilloso que puede constituir tanto el antipasto perfecto como la base de una increíble ensalada. Todos conocemos el jamón crudo con melón, pero puedes permitirte la libertad de ser extravagante e ir variando según las estaciones. Higos, duraznos, damascos, pelones, frutillas, uvas, sandías y mandarinas son todo un placer. Con un chorrito de espeso aceto balsámico añejo y aceite de oliva extra virgen prensado en frío y macerado con pimienta, más un puñado de rúcula y algunas hojas de menta fresca, crearás combinaciones de ensueño. Añade mozzarella de búfala o queso azul desmenuzado y estará listo para disfrutarlo.

BOQUERONES CRUJIENTES

PAN RALLADO CON AJO Y HIERBAS, RÚCULA, AJÍ PICANTE Y LIMÓN

Los boquerones son simplemente exquisitos y cuando estén en temporada, que en el Mediterráneo es a finales de verano y en otoño, los encontrarás en buenas pescaderías locales. Entre los británicos no son tan apreciados, pero en el resto de Europa se vuelven locos por ellos. Crudos, aderezados con jugo de limón y un buen aceite, en tostadas (véase pág. 14), con pasta, en sopas, ensaladas o, en este caso, con pan rallado y fritos, son una auténtica delicia.

PARA 6 PERSONAS | 40 MINUTOS

18 boquerones frescos enteros

100 g de pan de masa madre duro

1 diente de ajo

4 ramitas de perejil

4 ramitas de tomillo fresco

1 limón

1 huevo grande

aceite de oliva

50 g rúcula

1 ají picante rojo fresco

Limpiar los boquerones quitando la cabeza y las tripas. Secar con papel de cocina; luego, usando el índice y el pulgar, abrirlos. Retirar la espina separándola completamente de los filetes; así pueden abrirse y dejarse planos.

Triturar el pan duro en una picadora, añadir el ajo pelado y todas las hojas de las hierbas aromáticas. Sazonar con sal marina y pimienta negra, rallar la mitad de la cáscara de limón y triturar para obtener un pan rallado grueso. Ponerlo en un plato grande. Batir el huevo con la mitad del jugo de limón en un bol. Pasar los boquerones por el huevo, dejar escurrir el sobrante, pasarlos por el pan rallado dando palmaditas en ambos lados para que queden bien rebozados.

Poner una sartén grande a fuego medio-fuerte y, en tandas, freír los boquerones con un poco de aceite 1 minuto de cada lado o hasta que estén dorados. Servir con rúcula, rodajas de ají picante y el medio limón restante.

CALORÍAS	GRASAS	GRASAS SATURADAS	PROTEÍNAS	CARBOHIDRATOS	AZÚCAR	SAL	FIBRA
156 kcal	9,3 g	1,6 g	9 g	8,9 g	0,5 g	0,3 g	0,5 g

BUÑUELOS DE PESCADO

BACALAO, SCAMORZA AHUMADA, ALCAPARRAS, PEREJIL Y LIMÓN

Me encantan los pasteles y los buñuelos de pescado. En Italia y en el Mediterráneo en general suele utilizarse bacalao en salazón, pero, a pesar de que es maravilloso, puede ser bastante difícil de encontrar en el Reino Unido. Así que, teniéndolo en cuenta, he desarrollado una receta simple con la que se puede elaborar con éxito de un modo rápido y sencillo un delicioso bacalao con una exquisita costra crujiente.

PARA 6 PERSONAS | 50 MINUTOS, MÁS EL CURADO EN SAL

200 g de bacalao sin piel
  ni espinas

100 g de sal gruesa

500 g de papa

½ manojo de perejil (15 g)

25 g de alcaparras pequeñas
  en salmuera

75 g de scamorza ahumada

25 g de parmesano

100 g de pan rallado fino

1 huevo grande

aceite de girasol para freír

2 limones

En un cuenco, cubrir el bacalao con la sal gruesa, tapar y refrigerar durante 1 hora. Mientras, pelar las papas y cortarlas en trozos, cocerlas en una cacerola con agua hirviendo unos 15 minutos o hasta que estén tiernas. Escurrir, hacer un puré y dejar enfriar.

Lavar el bacalao con agua fría para quitar la sal y secar con papel de cocina. Cortar la mitad en dados de ½ cm, picar el resto y ponerlo en un bol grande. Picar finas las hojas de perejil y las alcaparras, cortar la scamorza en dados de 1 cm y añadir todo al bacalao. Agregar el parmesano rallado, el pan rallado y el puré de papas. Sazonar con pimienta negra, agregar el huevo y mezclar todo bien. Dar la forma deseada a los buñuelos con las manos húmedas: hacer 18 bollos o croquetas, o usar dos cucharas para formar 18 *quenelles*.

Cuando estén todos los buñuelos listos, calentar 1 cm de aceite de girasol en una sartén grande, ancha y de base gruesa a fuego medio-fuerte. Cuando esté caliente, freír la mitad de los buñuelos 1 o 2 minutos de cada lado, o hasta que estén dorados y crujientes. Ponerlos en un plato con papel absorbente para que se escurra el aceite, mientras se fríe la segunda tanda. Servir con gajos de limón para exprimir.

CALORÍAS	GRASAS	GRASAS SATURADAS	PROTEÍNAS	CARBOHIDRATOS	AZÚCAR	SAL	FIBRA
347 kcal	22,4 g	3,1 g	14,6 g	23,1 g	1,3 g	1 g	1,4 g

TARTAR DE TERNERA

CON ALIÑO DE HINOJO, ALCAPARRAS, AJÍ PICANTE Y HIERBAS

~~~~~~

Esta fantástica receta puede servirse como primer plato o constituir un divertido almuerzo completo. Es deliciosa, fácil de digerir, fascinante y, para la mayoría de la gente, un pequeño capricho. La ternera hará muy buen papel como alternativa al buey, pues es ligera, magra y constituye una gran fuente de sabores.

PARA 2 PERSONAS | 20 MINUTOS

1 cucharada de alcaparras
  pequeñas en salmuera

200 g de bife de ternera

50 g de lardo en un trozo

1 echalote

¼ de bulbo de hinojo

2 ramitas de perejil

1 limón

¼ de cucharadita de
  ají picante rojo seco
  en escamas

4 filetes de anchoa en aceite

aceite de oliva extra virgen
  prensado en frío

1 huevo grande

Poner en remojo las alcaparras en un bol con agua. Sobre una tabla, con un cuchillo grande bien afilado, picar el lardo y la carne tan fino como sea posible. Pelar y picar fino el echalote. Limpiar el hinojo y picarlo también bien pequeño, junto con sus hojas y las de perejil. Añadir la ralladura fina de medio limón. Machacar las escamas de ají picante en un mortero hasta obtener un polvo fino.

Escurrir las alcaparras y mezclarlas con el ají picante y las anchoas sobre la tabla. Picar y mezclar todo, añadiendo gotas de jugo de limón y 1 cucharada de aceite hasta obtener la consistencia de un aliño. Poner el tartar en un plato bonito con el aliño, separar la clara de la yema y disponer esta última en el centro (guardar la clara para otra receta).

Degustar mezclando simplemente la yema con el tartar. Servir con pan carta di musica, grissini o chapata tostada, y un gajos de limón.

CALORÍAS	GRASAS	GRASAS SATURADAS	PROTEÍNAS	CARBOHIDRATOS	AZÚCAR	SAL	FIBRA
322 kcal	21,3 g	6,1 g	30,6 g	2,2 g	1,6 g	1,4 g	0,3 g

SALAMI DE PULPO

CON AJÍ PICANTE, SEMILLAS DE HINOJO Y PEREJIL

~~~~~~

Cuando el pulpo sea fresco, de temporada en tu lugar de residencia, y esté a buen precio, disfrutarás con esta ingeniosa receta, perfecta para elaborar desde cero. Pide en la pescadería que te sirvan unos 2 kg de pulpo, puede ser uno grande o dos pequeños, no importa: solo tendrás que ajustar el tiempo de cocción en consecuencia y ¡a pasarlo bien!

PARA 8 PERSONAS | 50 MINUTOS, MÁS TODA LA NOCHE EN LA HELADERA

1 pulpo grande (2 kg), limpio, sin el pico

aceite de oliva

2 dientes de ajo

2 ajíes picantes rojos frescos

250 g de tomates cherry maduros

1 cucharada de semillas de hinojo

1 manojo de perejil (30 g)

350 ml de vino blanco siciliano

1 limón

50 g de rúcula

1 naranja

Sumergir el pulpo en una olla grande y honda con agua hirviendo (sin sal ¡es muy importante!) durante 2 minutos para limpiarlo y pasarlo a una fuente grande (el pulpo irá retorciéndose). Tirar el agua, poner de nuevo la olla a fuego medio con 10 cucharadas de aceite. Poner el pulpo en la olla y cocer 5 minutos. Mientras, cortar en láminas los ajos pelados y 1 ají picante, y cortar los tomates a la mitad. Añadir todo a la olla con las semillas de hinojo y el perejil (con los tallos), verter el vino. Tapar y cocer a fuego lento 35 minutos o hasta que esté tierno (dependiendo del tamaño; los pequeños no necesitan mucho tiempo). Apagar el fuego y dejar el pulpo hasta que esté suficientemente frío para manipularlo, pero todavía templado.

En una superficie plana, extender una capa doble de papel film para formar un cuadrado de 50 cm. Sacar el pulpo con unas pinzas, sacudiéndolo para eliminar el exceso de líquido, y colocarlo en medio del film. El objetivo es hacer una salchicha de pulpo: enrollar el film alrededor del pulpo, apretándolo bien fuerte a medida que se enrolla, con cuidado de que no quede film dentro del pulpo, y sacando el aire que quede mientras se va enrollando. Doblar y apretar los extremos, empujando el pulpo hacia el centro y compactándolo bien. Hacer girar el cilindro y anudar cada extremo para cerrarlo. Envolver el cilindro con otra doble capa de film y apretar de nuevo. Poner en la heladera por lo menos 24 horas. Luego, cortarlo en rodajas de ½ cm de grosor con un cuchillo afilado. Retirar el film y servirlo con rúcula aliñada con limón, rodajas de ají picante y ralladura de naranja.

CALORÍAS	GRASAS	GRASAS SATURADAS	PROTEÍNAS	CARBOHIDRATOS	AZÚCAR	SAL	FIBRA
393 kcal	19,8 g	3,1 g	45,7 g	1,7 g	1,5 g	0,1 g	0,8 g

HUEVOS FRITOS CON MOZZARELLA

CON TOMATES, ALBAHACA FRESCA Y TOSTADAS

No hay mejor plato como entrada o como parte de un brunch. Además, es muy fácil de preparar y resulta perfecto en el centro de la mesa, listo para compartir con amigos y familiares. La forma en que la mozzarella se derrite y se mezcla con los tomates crea un delicioso recipiente para los huevos mientras se cocinan. Es simplemente divino. Te va a encantar hincarle el diente.

PARA 4–6 PERSONAS | 15 MINUTOS

1 ají picante rojo seco

1 diente de ajo

aceite de oliva

2 ramitas de albahaca fresca

6 tomates maduros
  de distintos colores

1 bola de mozzarella de 125 g

6 huevos grandes

4–6 rebanadas de pan de masa
  madre

Quitar las semillas del ají picante y desmenuzarlo en una sartén grande. Cortar en láminas finas el ajo pelado, añadir 4 cucharadas de aceite y poner la sartén a fuego medio. Sazonar con sal marina y pimienta negra, trocear las hojas de albahaca, freír todo 1 minuto y cortar los tomates.

Cuando el ajo y el ají picante empiecen a chisporrotear, echar los tomates en la sartén y, al cabo de un par de minutos, incorporar la mozzarella en trozos. Hacer pequeños huecos para cascar los huevos dentro. Tapar y cocer de 3 a 5 minutos, o hasta que los huevos estén en el punto deseado de cocción. Mientras, tostar el pan. Sazonar los huevos con pimienta negra y servir con las tostadas calientes.

CALORÍAS	GRASAS	GRASAS SATURADAS	PROTEÍNAS	CARBOHIDRATOS	AZÚCAR	SAL	FIBRA
437 kcal	29,5 g	8,8 g	20,4 g	23,9 g	4,7 g	1,5 g	1,8 g

BUÑUELOS DE GARBANZOS

ACEITE DE ROMERO CON LIMÓN Y RÚCULA

Me he inspirado en la *farinata* clásica, que es más bien un panqueque plano elaborado con harina de garbanzo, y he creado estos deliciosos buñuelos, pero más sencillos de preparar, utilizando humildes garbanzos de lata. Para disfrutarlos hay muchas opciones fantásticas: grandes bocadillos para compartir o incluso en una ensalada tibia, o aplastados para rellenar un pan de pita acompañado de otros sabrosos ingredientes.

PARA 8 PERSONAS | 35 MINUTOS

800 g de garbanzos en conserva

3 limones

2 huevos grandes

1 cucharadita de ají picante rojo seco en escamas

120 g de harina blanca

1 cucharadita de levadura en polvo

aceite de oliva

2 ramitas de romero fresco

aceite de oliva extra virgen

50 g de rúcula

Escurrir los garbanzos y ponerlos en una procesadora. Añadir la ralladura fina de 1 limón y su jugo, los huevos, las escamas de ají picante, la harina, la levadura en polvo y una buena pizca de sal marina y pimienta negra, triturar hasta que esté homogéneo; no tiene que quedar una textura demasiado fina.

Poner una sartén grande antiadherente a fuego medio-fuerte. Cuando esté caliente, añadir 2 cucharadas de aceite de oliva. En tandas, poner cucharadas de la mezcla en la sartén (saldrán unos 24 buñuelos). Cocer cada tanda unos 10 minutos, dándolos vuelta para que se doren uniformemente, y ponerlos en un plato con papel absorbente para que escurran.

Mientras, poner las hojas de romero en un mortero con una pizca de sal y machacar hasta obtener una pasta. Añadir el jugo de los limones restantes y desleír con la misma cantidad de aceite de oliva extra virgen. Cuando todos los buñuelos estén hechos, bajar el fuego al mínimo y rehogar el aliño de romero solo 30 segundos. Disponer la rúcula en una fuente, colocar los buñuelos encima, verter el aliño y servir de inmediato.

CALORÍAS	GRASAS	GRASAS SATURADAS	PROTEÍNAS	CARBOHIDRATOS	AZÚCAR	SAL	FIBRA
231 kcal	13,3 g	2,1 g	7,4 g	21,5 g	0,8 g	0,7 g	3,4 g

ENSALADAS

ENSALADA DE DAMASCOS ASADOS

CON TOMILLO, MOZZARELLA, GRANOS DE PIMIENTA ROSA Y JAMÓN

Mi concepto sobre qué es una ensalada cambió para siempre hace unos años, cuando aprendí a apreciar cómo usan la fruta los italianos en las ensaladas. Entonces pasé de considerarla una guarnición de emergencia a una verdadera experiencia gastronómica. Esta receta pretende realzar las texturas y la vivacidad, y creo que te encantará. Puedes cambiar la fruta indicada por otras frutas de carozo de estación.

PARA 4 PERSONAS | 25 MINUTOS

8 damascos maduros

8 ramitas de tomillo fresco,
   si es posible con flores

aceite de oliva

2 cucharadas de vinagre
   de vino blanco

aceite de oliva extra virgen

una buena pizca de granos
   de pimienta rosa

½ cebolla morada

dos buenos puñados de hojas
   de ensalada, como escarola,
   radicchio, rúcula

4 fetas de jamón

1 bola de mozzarella de 125 g

1 limón

Poner una parrilla o una plancha a fuego fuerte. Cortar por la mitad y descarozar los damascos, y, en una fuente, mezclarlos con la mitad de las ramitas de tomillo y 1 cucharada de aceite de oliva. Poner los damascos con el corte hacia abajo en la parrilla caliente 6 minutos o hasta que estén hechos y caramelizados, dándolos vuelta a media cocción.

Mientras, verter el vinagre en una fuente con 2 cucharadas de aceite de oliva extra virgen. Aplastar los granos de pimienta en la fuente, esparcir la cebolla cortada en láminas muy finas, mezclándola bien con el aliño para encurtirla ligeramente. Preparar las hojas de ensalada, troceándolas o cortando las más grandes. Añadirlas a la fuente, mezclar todo y sazonar. Colocar el jamón en tiras como si fueran olas.

Abrir la bola de mozzarella, sazonarla con sal marina, pimienta negra, la ralladura fina de limón y unas gotas de aceite de oliva extra virgen, y desmenuzarla encima de la ensalada. Poner los damascos asados encima y alrededor de la ensalada, esparcir las hojas crujientes de tomillo y el resto de las hojas y las flores. Rociar con un poco más de aceite de oliva extra virgen y servir.

CALORÍAS	GRASAS	GRASAS SATURADAS	PROTEÍNAS	CARBOHIDRATOS	AZÚCAR	SAL	FIBRA
244 kcal	18,9 g	6,3 g	10 g	9,2 g	8,6 g	1,3 g	1,1 g

CAVIAR DE BERENJENA AHUMADA

HABAS TIERNAS, ALMENDRAS, MIEL Y ORÉGANO

Cuando la piel de las berenjenas se vuelve negra y se carboniza, sucede algo extraordinario: el proceso del ahumado, le aporta al interior una increíble cremosidad. Una vez aliñada con buen aceite, limón, hierbas y otros sabrosos aderezos, se obtiene un plato que se puede disfrutar tal cual, como salsa o antipasto, en una pizza o con pasta o carnes a la parrilla.

PARA 6 PERSONAS | 40 MINUTOS

2 berenjenas grandes
(400 g cada una)

25 g de almendras peladas

350 g de habas frescas,
con vaina

1 limón

25 g de pecorino o parmesano

aceite de oliva extra virgen

1 cucharadita de miel líquida

4 ramitas de orégano fresco
o mejorana

1 barra de pan casero

Pinchar las berenjenas y ponerlas directamente sobre las brasas de la parrilla, la llama de la hornalla o en la parte inferior del horno muy caliente, dándolas vuelta hasta que estén chamuscadas uniformemente (unos 15 minutos), y ponerlas sobre una tabla para que se enfríen un poco. Mientras, machacar las almendras en un mortero hasta que estén finas. Desgranar las habas, quitando las pieles de las más grandes.

Cortar las berenjenas longitudinalmente y, con una cuchara, retirar la pulpa y los jugos encima de la tabla, desechando la piel quemada. Picar las berenjenas con las habas y las almendras, mientras se va incorporando todo con el cuchillo. Añadir el jugo de limón, el pecorino rallado fino, 4 cucharadas de aceite y la miel, mezclar de nuevo y picar todo junto. Sazonar gusto, esparcir las hojitas de orégano y servir con tostadas calientes. ¡Manjar de dioses!

CALORÍAS	GRASAS	GRASAS SATURADAS	PROTEÍNAS	CARBOHIDRATOS	AZÚCAR	SAL	FIBRA
329 kcal	14 g	2,4 g	12 g	41,6 g	6,7 g	1,1 g	4,6 g

ALCAUCILES A LA SICILIANA

LIMÓN, MIEL, TOMILLO Y PISTACHOS

Rose Gray y Ruth Rogers me enseñaron una versión de esta receta hace muchos años, cuando trabajaba en el River Cafe. Me dejó completamente asombrado. Es muy elegante, muy diferente y absolutamente deliciosa. Desde entonces la he disfrutado de muchas y muy distintas maneras, pero me encanta en particular esta versión con pistachos. Servida tal cual es maravillosa, pero también se puede acompañar con pan de pita, jamón crudo, otras carnes curadas, jamón cocido, mozzarella o incorporarla a una pizza. Vamos, pruébala.

PARA 4-6 PERSONAS | 1 HORA 30 MINUTOS

2 limones orgánicos grandes

12 alcauciles morados italianos

½ diente de ajo

8 ramitas de tomillo fresco, si es posible con flores

aceite de oliva extra virgen

2 cucharadas de miel líquida

30 g de pistachos sin sal y sin cáscara

Cocer 1 limón entero en una cacerola grande con agua hirviendo salada durante 30 minutos o hasta que la cáscara esté tierna. Reservar la cacerola con agua, sacar el limón y dejar enfriar sobre una tabla. Cortar los tallos de alcauciles a 2 cm de la base, echarlos en el agua con limón y añadir agua si fuera necesario. Poner un plato encima para que queden sumergidos. Tapar, llevar a ebullición y cocer a fuego medio de 10 a 15 minutos, o hasta que estén tiernos. Escurrir y, cuando estén lo suficientemente fríos para manipularlos, retirar las hojas exteriores hasta llegar a las más pálidas y tiernas para comer. Cortar el extremo de las cabezas 3 cm y luego por la mitad longitudinalmente. Con una cucharilla, sacar cuidadosamente los pelos del centro.

Machacar el ajo pelado en un mortero con una pizca de sal marina. Incorporar la mitad de las hojas de tomillo y machacar de nuevo. Añadir la mitad del jugo del limón restante y desleír con 3 cucharadas de aceite para hacer el aliño.

Cortar por la mitad a lo largo el limón hervido, sacar y desechar el interior blando y la piel blanca. Cortar la cáscara en juliana fina y esparcir sobre una fuente con los alcauciles. Rociar con el aderezo, la miel, el jugo de limón restante, sazonar a gusto y remover para que quede bien aliñado. Esparcir las hojas de tomillo restantes y las flores. Repartir los pistachos machacados y servir.

CALORÍAS	GRASAS	GRASAS SATURADAS	PROTEÍNAS	CARBOHIDRATOS	AZÚCAR	SAL	FIBRA
196 kcal	13,4 g	2 g	7,3 g	14,8 g	11,4 g	0,6 g	0,7 g

ENSALADA DE MATERA

RÚCULA, MENTA, MANZANA, HORTALIZAS CRUJIENTES, ALIÑO DE NARANJA Y AJÍ PICANTE

~~~~~~

Inspirándome en los ingredientes que iban saliendo a mi paso en la región de Basilicata, llegué a conformar esta hermosa ensalada. Su base y elemento cohesionador es el marinado de las naranjas con ají picante, que también puede utilizarse para crear un increíble aderezo, contundente y revitalizante, como un rayo de sol italiano.

PARA 4-6 PERSONAS | 30 MINUTOS

1 diente de ajo

3 naranjas

1 cucharadita de ají picante
   rojo seco en escamas

vinagre de vino tinto

aceite de oliva extra virgen

100 g de repollo colorado

½ pepino

6 zanahorias pequeñas
   de distintos colores

4 ramitas de menta fresca

1 manzana

50 g de rúcula

200 g de burrata

Picar el diente de ajo por la mitad y restregarlo en una fuente de servir. Cortar los extremos y pelar las naranjas, cortarlas en rodajas y colocarlas en la fuente. En un mortero, machacar las escamas de ají picante con 1 cucharadita de sal marina, espolvorear encima de las rodajas de naranja, reservando un poco. Aliñar con 3 cucharadas de vinagre de vino tinto y 3 de aceite, y dejar marinar.

Mientras, cortar el repollo colorado en juliana fina. Pelar el pepino, cortarlo por la mitad a lo largo, retirar las semillas y cortar en trocitos. Lavar las zanahorias y cortarlas en juliana a lo largo. Añadir las hojas de menta, troceando las más grandes. Quitar el corazón de la manzana, cortarla en gajos delgados y poner todo en la fuente con la rúcula. Sazonar con sal y pimienta negra, mezclar todo con los dedos para que quede bien aliñado.

Abrir la burrata, ponerla sobre la ensalada, rociar con un poco más de aceite, espolvorear el ají picante reservado y servir. Es deliciosa con un montón de tostadas calientes como acompañamiento.

CALORÍAS	GRASAS	GRASAS SATURADAS	PROTEÍNAS	CARBOHIDRATOS	AZÚCAR	SAL	FIBRA
343 kcal	22,4 g	8,6 g	11,3 g	25,9 g	23,4 g	2,3 g	8,7 g

INCREÍBLES MORRONES

TOSTADAS CALIENTES Y BURRATA CREMOSA

~~~~~~

En este homenaje a los morrones, que son una auténtica especialidad de la Basilicata, nos centramos en realzar su intensa dulzura natural, dándoles tiempo para que se cocinen hasta que estén tiernos y suaves, para aderezarlos luego con ingredientes muy aromáticos que intensifican su sabor. Servidos con unas crujientes tostadas calientes y una cremosa burrata resultan espectaculares.

PARA 4 PERSONAS | 45 MINUTOS

4 cucharaditas de alcaparras
  pequeñas en salmuera

4 morrones de distintos
  colores

4 dientes de ajo

aceite de oliva

½ manojo de mejorana,
  orégano o ajedrea frescos
  (15 g), si es posible con flores

8 aceitunas negras
  (con carozo)

1 limón

aceite de oliva extra virgen

4 rebanadas de pan de masa
  madre

200 g de burrata

Poner las alcaparras en remojo en un bol con agua. Sacar las semillas de los morrones y cortarlos en tiras de 1 cm, cortar en finas láminas el ajo pelado, poner todo en una sartén grande a fuego medio con 1 cucharada de aceite de oliva. Añadir las hojas de las hierbas aromáticas reservando las flores. Cocer 30 minutos o hasta que estén blandos y caramelizados, removiendo a menudo y añadiendo un poco de agua, si fuera necesario, para que no se peguen. Mientras, descarozar las aceitunas. Escurrir las alcaparras y, con un tenedor, aplastarlas junto con la pulpa de las aceitunas.

Cuando los morrones estén hechos, reducir el fuego al mínimo y añadir la mezcla de aceitunas y alcaparras. Verter el jugo de limón, 1 cucharada de aceite de oliva extra virgen y mezclar bien. Probar, sazonar a gusto y esparcir las flores reservadas. Tostar el pan.

Para servir, abrir la burrata al lado de los morrones. Rociarla con un poco de aceite de oliva extra virgen y sazonar con pimienta negra. Apilar las tostadas y dejar que los comensales se sirvan los morrones y la burrata como deseen. ¡Maravilloso!

CALORÍAS	GRASAS	GRASAS SATURADAS	PROTEÍNAS	CARBOHIDRATOS	AZÚCAR	SAL	FIBRA
332 kcal	18,9 g	8,2 g	12,8 g	28,4 g	7,8 g	1,6 g	4,4 g

PANZANELLA

TOMATES CHERRY ASADOS, ALBAHACA Y PAN CON BROCHETAS DE MARISCO

La panzanella es una de mis ensaladas favoritas. En esta receta, el ingrediente secreto es el tiempo, pues asar lentamente los tomates para que su sabor se filtre en los crutones proporciona la mejor base para ese increíble aderezo. Combinada con estas deliciosas brochetas, seguro que se convertirá en un placer.

PARA 4 PERSONAS | 2 HORAS 40 MINUTOS

1,5 kg de tomates cherry de rama maduros, de distintos colores

300 g de pan de masa madre

vinagre de vino tinto

aceite de oliva

1 manojo de albahaca fresca (30 g)

1 diente de ajo

aceite de oliva extra virgen

50 g de rúcula

1 limón

BROCHETAS

300 g de filetes de pescado blanco de carne firme, sin piel ni espinas

8 vieiras, sin concha y limpias

4 ramitas de romero fresco

8 langostinos, sin caparazón y limpios

12 fetas de panceta ahumada

Precalentar el horno a 100 °C. Hacer un pequeño corte en la base de 1 kg de tomates, escaldarlos en una olla con agua salada hirviendo 40 segundos y escurrirlos. Cuando estén lo suficientemente templados para manipularlos, pelarlos y ponerlos en una fuente de horno grande. Desmenuzar el pan en trozos del mismo tamaño que los tomates. Rociar con 1 cucharada de vinagre y 1 de aceite de oliva, y asarlos lentamente durante 2 horas.

Poner el resto de los tomates en una licuadora con la mitad de las hojas de albahaca. Añadir el ajo pelado, una pizca de sal marina y 1 cucharada de vinagre. Licuar hasta conseguir una consistencia homogénea y pasarlo por un colador grueso a un bol. Agregar 2 cucharadas de aceite de oliva extra virgen, probar y sazonar a gusto.

Cortar el pescado en trozos del mismo tamaño que las vieiras. Deshojar las ramitas de romero (guardar las hojas para otra receta o usar brochetas de madera remojadas), ensartar el pescado, los langostinos y las vieiras repartiéndolos entre las brochetas. Envolverlas con la panceta y ponerlas en una fuente donde quepan sin dejar espacio entre ellas. Retirar los tomates del horno, subir la temperatura (240 °C) y cocer las brochetas 10 minutos o hasta que estén doradas. Mientras, poner los tomates y el pan en el bol, y dejar en remojo. Para servir, mezclar la rúcula y el resto de las hojas de albahaca con la panzanella, emplatar, poner las brochetas encima y servir con gajos de limón.

CALORÍAS	GRASAS	GRASAS SATURADAS	PROTEÍNAS	CARBOHIDRATOS	AZÚCAR	SAL	FIBRA
537 kcal	18,3 g	3,7 g	40,4 g	53,8 g	15,1 g	2,3 g	6,1 g

ENSALADA DE ALCAUCILES

LIMÓN, ALCAPARRAS, RÚCULA Y RICOTA SALADA

Esta ensalada me encanta porque es completa, sencilla y deliciosa, y además otorga el papel protagonista a los alcauciles, ensalzadas por los clásicos sabores del sur. Yo la disfruto como entrada o acompañando un pollo o un pescado asado entero.

PARA 6-8 PERSONAS | 1 HORA

16 alcauciles morados
  italianos

2 limones para los alcauciles

ENSALADA

2 cucharadas de alcaparras
  pequeñas en salmuera

aceite de oliva

1 diente de ajo grande

70 g de rúcula

aceite de oliva extra virgen

20 g de ricota salada
  o pecorino

Remojar las alcaparras en un bol mientras preparamos los alcauciles (véase pág. 382). Cuando estos estén listos, escurrirlos bien, cortarlos en láminas finas, exprimirles el jugo de 2 limones y mezclar para que queden bien impregnados.

Poner 2 cucharadas de aceite de oliva en una sartén grande, añadir el diente de ajo entero, pelado y aplastado para aromatizar el aceite, las alcaparras escurridas y poner la sartén a fuego medio. Cuando empiece a crepitar, añadir los alcauciles y rehogar 4 minutos para ablandarlos ligeramente, pero mantenerlos al dente.

Disponer los alcauciles en una fuente para servir, sin el diente de ajo, y esparcir la rúcula encima. Aliñar con un poco de aceite de oliva extra virgen, rallar o hacer virutas con el queso, mezclar todo con los dedos. Rectificar la sazón, si fuera necesario y ¡a comer!

CALORÍAS	GRASAS	GRASAS SATURADAS	PROTEÍNAS	CARBOHIDRATOS	AZÚCAR	SAL	FIBRA
84 kcal	6,2 g	1,5 g	5 g	4 g	1,9 g	0,5 g	6 g

ENSALADA DE ZUCCHINIS BABY

RICOTA BATIDA CON PECORINO Y TAPENADE DE ACEITUNAS NEGRAS

~~~~~~

Es un auténtico placer disfrutar de unos zucchinis baby crudos y firmes y apreciar su delicadeza, su textura crujiente y su sorprendente color. También hacemos los honores a la ricota y nos convencemos de que está muy sabrosa añadiéndole un poco de pecorino. Si se termina el plato con una rápida tapenade para conseguir el contraste de colores y sabores, será una apuesta segura.

PARA 6 PERSONAS | 15 MINUTOS

1 limón

aceite de oliva extra virgen
  prensado en frío

12 zucchinis baby
  de distintos colores,
  con las flores

2 ramitas de menta fresca

100 g de aceitunas negras
  (con carozo)

250 g de ricota de calidad

25 g de pecorino o parmesano,
  y un poco más para servir

opcional: flores de ciboulette
  o de otra hierba aromática

Exprimir el limón en un bol, verter la misma cantidad de aceite y sazonar con sal marina y pimienta negra. Cortar por la mitad longitudinalmente los zucchinis más pequeños, dejando las flores intactas. Cortar en rodajas al bies el resto, ponerlos todos en el aliño, sin mezclarlos hasta el último minuto.

Machacar las hojas de menta en un mortero. Descarozar las aceitunas y añadirlas. Aplastar hasta obtener una pasta, desleírla con 2 o 3 cucharadas de aceite para que la tapenade quede espesa. Poner la ricota en un cuenco, rallar finamente el pecorino, añadir una pizca de sal y de pimienta, y batir hasta que quede homogéneo.

Poner una cucharada colmada de ricota en cada uno de los seis platos y extenderla con el dorso de la cuchara. Mezclar delicadamente los zucchinis con el aliño y disponerlos encima de la ricota, rociar el resto del aliño por encima. En cada plato, poner un poco de tapenade, reservando la sobrante para otra ocasión. Terminar repartiendo las flores, si se desea, y servir.

CALORÍAS	GRASAS	GRASAS SATURADAS	PROTEÍNAS	CARBOHIDRATOS	AZÚCAR	SAL	FIBRA
178 kcal	16,2 g	5,3 g	6,1 g	2 g	1,9 g	1,4 g	0,7 g

ENSALADA ROMANA DE APIO

ALIÑADA CON ANCHOAS, LIMÓN, BUEN ACEITE Y AJÍ PICANTE

Un bocado de felicidad, fresco, crujiente y picante es lo que obtendrás con esta ensalada cuyo protagonista es una hortaliza que ha pasado la mayor parte de su carrera como dama de honor, no como novia. Preparar y aliñar el apio de este modo es un homenaje a este gran vegetal, mientras que el aliño entronca directamente con la quintaesencia de los sabores romanos. Estará fantástico servido con carne o pescado a la parrilla, acompañado de mozzarella o incluso como relleno de un pan de pita junto con carnes curadas y queso.

PARA 8 PERSONAS | 25 MINUTOS

2 apios

8 filetes de anchoa en aceite

aceite de oliva extra virgen

1 limón grande

½ cucharadita de ají picante
   rojo seco en escamas

Preparar un bol grande con agua y cubitos de hielo. Con un pelador, retirar la base del apio y las partes duras del exterior. Lavarlos bien, cortarlos en cintas muy finas (incluidas las hojas amarillas), con un cuchillo muy afilado si eres hábil, con un pelador de verduras o con la mandolina (¡usa el protector!). Mientras se va cortando, introducir las cintas en el agua helada para que queden rizadas y crujientes.

Machacar las anchoas en un mortero hasta convertirlas en una pasta, desleírla con 8 cucharadas de aceite de oliva extra virgen y el jugo de limón. Escurrir bien el apio, secar con un paño de cocina limpio y ponerlo en una ensaladera. Rociar con el aliño y mezclarlo delicadamente con los dedos para que quede bien impregnado. Limpiar el mortero, machacar las escamas de ají picante para obtener un polvo fino y esparcirlo encima de la ensalada, a gusto.

CALORÍAS	GRASAS	GRASAS SATURADAS	PROTEÍNAS	CARBOHIDRATOS	AZÚCAR	SAL	FIBRA
122 kcal	12,3 g	1,8 g	1,1 g	1,7 g	1 g	0,6 g	0,8 g

ENSALADA DE INVIERNO

CEBOLLAS ASADAS, AVELLANAS Y ALIÑO DE BAROLO

Aprender a disfrutar de una gran variedad de hojas amargas es una parte muy importante para educar el paladar y explorar una nueva dimensión de sabores. En lugar de pensar en el sabor amargo como algo negativo, aquí lo combinamos con el dulzor de las cebollas asadas, la acidez del vinagre y la crujiente textura de las avellanas.

PARA 6-12 PERSONAS | 1 HORA 20 MINUTOS, MÁS REFRIGERACIÓN

6 cebollas moradas

1 cabeza de ajos

½ manojo de tomillo
   fresco (15 g)

100 g de avellanas peladas

aceite de oliva

600 g de hojas amargas
   mezcladas, como endibia,
   radicchio, radicchio rojo,
   achicoria, radicheta

ALIÑO

1 cucharada de mostaza
   de Dijon

aceite de oliva extra virgen

50 ml de barolo tinto

2 cucharadas de vinagre
   de vino tinto

Calentar el horno a temperatura máxima (240 °C). Poner las cebollas sin pelar en una fuente bien apretadas y asarlas durante 1 hora o hasta que estén blandas y un poco chamuscadas. Al cabo de 30 minutos, cortar la cabeza de ajos por la mitad a lo ancho y añadirla a la fuente. Mezclar las ramitas de tomillo y las avellanas con un poco de aceite de oliva y echarlas por encima de las cebollas los últimos 5 minutos. Remover y dejar enfriar.

Limpiar y separar las hojas (me gusta tomarme un poco de tiempo y preparar cada hoja según su tamaño; trocear las grandes, dejar enteras las pequeñas: esta es la idea). Para el aderezo, exprimir la pulpa del ajo asado en un bol (desechando las pieles) y aplastarlo bien, añadir la mostaza y una pizca de sal marina. Batiendo constantemente, verter 6 cucharadas de aceite de oliva extra virgen, luego, sin dejar de batir, añadir el barolo y el vinagre.

Poner las cebollas caramelizadas sin la cáscara en una ensaladera, troceándolas un poco. Sazonar con sal y pimienta negra, rociarlas con el aliño. Poner encima las hojas amargas, removiendo con los dedos para repartir el aderezo. Machacar las avellanas en un mortero hasta obtener trocitos pequeños, esparcirlas sobre la ensalada.

CALORÍAS	GRASAS	GRASAS SATURADAS	PROTEÍNAS	CARBOHIDRATOS	AZÚCAR	SAL	FIBRA
306 kcal	24 g	2,8 g	5,3 g	18,4 g	11,5 g	0,8 g	5,3 g

SOPAS

ACQUACOTTA

HUMILDE SOPA TOSCANA

~~~~~~

La acquacotta es un plato verdaderamente antiguo creado por los trabajadores del campo. Su origen hay que buscarlo en la región de Maremma, la zona sur de la Toscana. Esta receta era un verdadero comodín y servía para satisfacer el apetito tanto en los buenos como en los malos tiempos. La base de la acquacotta es el pan, que es una fuente de energía ligera, segura, invariable y sabrosa. También aprovecha el profundo y genial sabor del romero y una pequeña cantidad de cualquier hongo seco y de zapallo. A mi familia y a mí nos encanta esta receta vegetariana supernutritiva.

PARA 4-6 PERSONAS | 30 MINUTOS

1 cebolla

1 papa

2 ramas de apio

200 g de zapallo

aceite de oliva

20 g de hongos porcini
(*Boletus edulis*) secos

2 ramitas de romero fresco

400 g de tomates perita
en conserva

200 g de verduras de hoja
verde de estación, como
acelga, repollo crespo

4 huevos grandes

4 rebanadas grandes de pan
de masa madre duro

pecorino o parmesano

aceite de oliva extra virgen
prensado en frío

Pelar la cebolla, la papa, el apio (reservar las hojas) y el zapallo, cortar todo en trozos de 1 cm (no hace falta que sean iguales). Poner una cacerola grande a fuego medio con 2 cucharadas de aceite de oliva y las verduras. Rehogarlas 10 minutos o hasta que estén blandas, pero sin que tomen color, removiendo de vez en cuando.

Añadir los hongos, las ramitas de romero, 2 litros de agua y una buena pizca de sal marina y pimienta negra. Llevar a ebullición, incorporar los tomates aplastados con las manos limpias. Cocer a fuego lento 10 minutos. Mientras, quitar los tallos duros de las verduras de hoja verde y conservar los más tiernos, y cortar las hojas en tiras. Retirar y desechar las ramitas de romero, incorporar las verduras y cocer 5 minutos.

Probar y rectificar la sazón. Cascar los huevos dentro de la sopa dejando espacio entre ellos. Tapar y cocerlos al punto deseado. Mientras, tostar el pan y repartirlo entre boles grandes calientes. Con un cucharón, verter el caldo con verduras y huevos. Terminar con queso rallado, un buen chorro de aceite de oliva extra virgen y las hojas de apio reservadas. Las tostadas absorberán todo el caldo y se convertirán en un manjar maravillosamente suave y delicioso. ¡Ñam, ñam!

CALORÍAS	GRASAS	GRASAS SATURADAS	PROTEÍNAS	CARBOHIDRATOS	AZÚCAR	SAL	FIBRA
345 kcal	15,3 g	2,9 g	15,1 g	38,8 g	10,6 g	1,5 g	4,7 g

SOPA DE POROTOS COLORADOS

ACEITE DE ROMERO Y TOSTADAS

~~~~~~

Esta sopa te hará sentir feliz y saciado con cada bocado, además de ser extraordinariamente deliciosa. De acuerdo, no es el plato de sopa más bonito del mundo, incluso tiene un aspecto desaliñado, pero ahí está su gracia, ¡fuera esnobismos! Es una sopa humilde, nutritiva, sabrosa y barata. Sus ingredientes son sencillos, y el aceite de romero que se añade al final es un verdadero punto de inflexión que la lleva al siguiente nivel.

PARA 6-8 PERSONAS | 2 HORAS, MÁS TODA LA NOCHE EN REMOJO

500 g de porotos colorados
secos

2 litros de un buen caldo
de pollo o de verduras

6 dientes de ajo

2 cebollas

1 papa grande

1 tomate perita maduro

6 ramitas de romero fresco

aceite de oliva extra virgen
prensado en frío

1 cucharadita de vinagre
de vino tinto

6-8 rebanadas de pan de masa
madre

Poner en remojo los porotos toda la noche en agua fría. Al día siguiente, escurrirlos y ponerlos en una cacerola grande. Verter el caldo y suficiente agua para que sobrepase los porotos 5 cm. Poner la cacerola a fuego medio. Pelar 4 dientes de ajo, las cebollas y la papa. Añadir todo sin cortar junto con el tomate. Cocer a fuego lento de 1 a 2 horas, o hasta que los porotos estén muy blandos, cremosos y casi se deshagan, removiendo de vez en cuando (el tiempo de cocción dependerá de si los porotos son viejos o no; hay que vigilarlos). Mientras, lavar el romero con agua caliente, poner las hojas en un mortero y machacarlas con una pizca de sal marina hasta obtener una pasta homogénea. Desleírla con bastante aceite y reservar.

Cuando los porotos estén listos, poner las cebollas, los ajos, la papa y el tomate encima de una tabla y, con un cuchillo grande, picarlo hasta que tenga consistencia de papilla. Verter de nuevo en la sopa. Cocer a fuego lento hasta obtener la consistencia deseada, incorporar 8 cucharadas de aceite y el vinagre. Sazonar a gusto y mantener la sopa caliente a fuego mínimo mientras se tuesta el pan. Cortar la mitad los ajos restantes, restregarlos por las tostadas y repartirlas entre los boles calientes. Verter la sopa por arriba y añadir el aceite de romero.

CALORÍAS	GRASAS	GRASAS SATURADAS	PROTEÍNAS	CARBOHIDRATOS	AZÚCAR	SAL	FIBRA
626 kcal	18,6 g	2,8 g	32,4 g	82,9 g	7,2 g	1,1 g	23,3 g

MINESTRONE

ARROZ Y VERDURAS CON PESTO DE PARMESANO, LIMÓN Y AJO

~~~~~~

Me encanta esta minestrone, pues el contraste que le aporta el pesto le da frescura y fuerza, mientras que el arroz absorbe todo el increíble sabor y es extremadamente reconfortante. Siempre he considerado la minestrone como una receta de emergencia, desde mi época de estudiante hasta la de padre ajetreado, pero lo cierto es que me encanta sacar partido de lo que está disponible en el mercado, lo que crece en el huerto o incluso de todo aquello que se esconde en el cajón de las verduras para crear un hermoso plato de sopa.

PARA 6-8 PERSONAS | 1 HORA 10 MINUTOS

2 cebollas

2 ramas de apio

aceite de oliva

600 g de verduras verdes,
    como zucchini, hinojo,
    brócoli, espárrago, acelga,
    kale, arvejas, haba

200 g de arroz arborio

2 litros de caldo de pollo
    o de verduras de calidad

1 manojo de romero y tomillo
    frescos (30 g)

2 dientes de ajo

50 g de parmesano

1 limón

aceite de oliva extra virgen

Pelar las cebollas y el apio, picarlos finos y ponerlos en una cacerola grande a fuego medio con 2 cucharadas de aceite de oliva. Rehogar 15 minutos, removiendo de vez en cuando. Para preparar las verduras, cortar los zucchinis y el hinojo en trozos de ½ cm, cortar en finas láminas el brócoli, los espárragos, la acelga y el kale. Reservar las verduras. Rehogar el arroz en la cacerola 2 minutos y verter el caldo. Unir y atar las hierbas aromáticas y añadirlas a la cacerola. Llevar a ebullición; luego, cocer a fuego lento 15 minutos.

Mientras, machacar los ajos pelados en un mortero con una pizca de sal marina hasta obtener una pasta. Rallar finos el parmesano y la cáscara de limón, exprimir el jugo y desleír la pasta con 4 cucharadas de aceite de oliva extra virgen.

Añadir las verduras a la sopa y cocer a fuego lento los últimos 10 o 15 minutos, vigilando que las verduras conserven su color y textura. Sazonar a gusto y repartir la minestrone en cuencos. Terminar con una cucharada de pesto.

CALORÍAS	GRASAS	GRASAS SATURADAS	PROTEÍNAS	CARBOHIDRATOS	AZÚCAR	SAL	FIBRA
324 kcal	13 g	3,4 g	16,8 g	36,9 g	6,3 g	0,9 g	3,7 g

SOPA DE PAN CON HONGOS

ORÉGANO, ORTIGAS, HONGOS Y AJÍ PICANTE

Esta es una de mis sopas favoritas, pues aprovecha al máximo la increíble profundidad de sabor que se puede lograr mezclando distintos hongos. Cocidos a fuego lento con verduras de hoja y combinados luego con pan duro crean una sopa espesa y reconfortante que incluso se puede servir en una fuente. Si te sobra algo será maravilloso, pues la sopa casi tiene mejor gusto al día siguiente de su preparación, cuando todos sus sabores se han mezclado aún más. Es uno de esos platos que hacen sonreír.

PARA 6 PERSONAS | 40 MINUTOS

20 g de hongos porcini
   (*Boletus edulis*) secas

2 cebollas

2 dientes de ajo

aceite de oliva

30 g de manteca

½ cucharadita de ají picante
   rojo seco en escamas

½ manojo de orégano fresco
   (15 g)

600 g de hongos variados

100 g de ortigas, borraja,
   espinacas o rúcula

300 g de pan de masa madre
   duro

aceite de oliva extra virgen

opcional: pecorino o
   parmesano para servir

En un cuenco, cubrir los hongos porcini con 1,2 litros de agua hirviendo. Pelar y picar finas las cebollas y los ajos, rehogarlo en una cacerola ancha a fuego medio-fuerte con 1 cucharada de aceite de oliva, la manteca y las escamas de ají picante durante 5 minutos. Añadir las hojas de orégano, remover de vez en cuando. Limpiar los hongos, cortando o troceando los más grandes. Agregarlos a la cacerola y rehogar 5 minutos, añadir la verdura y luego los hongos porcini con su agua de remojo (descartar el agua del fondo de la cacerola por si quedan restos de tierra). Llevar a ebullición y dejar cocer durante 15 minutos.

Partir el pan en trozos del tamaño de un bocado y agregarlos a la cacerola con 2 cucharadas de aceite de oliva extra virgen. Cuando el pan haya absorbido todo el caldo, estará listo. Probar y sazonar a gusto con sal marina y pimienta negra. Servir con queso rallado, si apetece.

CALORÍAS	GRASAS	GRASAS SATURADAS	PROTEÍNAS	CARBOHIDRATOS	AZÚCAR	SAL	FIBRA
266 kcal	11,7 g	3,7 g	8 g	32,5 g	5 g	0,6 g	3,5 g

GUISO DE GARBANZOS Y HABAS

ACEITE DE AJÍ PICANTE, PESTO DE MIRTO Y NUECES

~~~~~~

El pesto de mirto es delicioso en extremo (es difícil encontrar mirto en los supermercados, pero se puede conseguir en un centro de jardinería, y en el Reino Unido crece de maravilla). Haz un esfuerzo y busca un frasco de garbanzos bien hermosos; valdrá la pena.

PARA 6 PERSONAS | 1 HORA

4 ajíes picantes rojos secos

aceite de oliva

1 cebolla morada

1 zanahoria

½ corazón de apio

1 zucchini

700 g de garbanzos
   en conserva

350 g de habas frescas
   con vaina

200 g de pan de masa madre
   duro

pesto de mirto y nueces
   (véase pág. 377)

Abrir los ajíes picantes por la mitad, retirar y desechar las semillas, y poner los ajíes en una cazuela grande de base gruesa a fuego suave con 10 cucharadas de aceite. Sofreír 2 minutos hasta que se tuesten y aromaticen el aceite. Verterlo en un bol, dejando 1 cucharada de aceite en la cazuela.

Pelar la cebolla, la zanahoria y el apio, picarlo junto con el zucchini en trozos aproximadamente del mismo tamaño que los garbanzos y añadir las verduras a la cazuela. Seguir la cocción a fuego medio 15 minutos, removiendo de vez en cuando. Mientras, desgranar las habas, sacando la piel de las más grandes.

Agregar las habas a la cazuela con los garbanzos (con su jugo) y el equivalente a 3 tarros de agua. Cocer a fuego medio 15 minutos. Partir el pan en trozos del tamaño de un bocado, agregarlos al guiso, apagar el fuego y dejar reposar 15 minutos. Sazonar a gusto con sal marina y pimienta negra. Mientras, elaborar el pesto (véase pág. 377). Con un tenedor, aplastar los ajíes en el aceite frío.

Servir el guiso en boles calientes con unas cucharadas de pesto y un chorrito de aceite de ají picante (reservar el pesto y el aceite de ají picante sobrantes para otra ocasión).

CALORÍAS	GRASAS	GRASAS SATURADAS	PROTEÍNAS	CARBOHIDRATOS	AZÚCAR	SAL	FIBRA
382 kcal	23,2 g	3,7 g	12,5 g	31,5 g	9,5 g	0,7 g	8,1 g

STRACCIATELLA

VERDURAS, AZAFRÁN Y HUEVOS SEDOSOS

Esta es la sopa más maravillosa, humilde y reconfortante del mundo, que puedes adaptar a cada estación del año variando las hortalizas frescas para añadir a la mezcla según tus preferencias. Combinada con unos sedosos huevos con parmesano, será un alimento que te hará sentir bien. Debes invertir en un caldo de pollo de buena calidad para obtener los mejores resultados o, mejor aún, utiliza caldo de pollo o de carne casero, lo que te garantizará conseguir el máximo sabor para este hermoso bol.

PARA 4 PERSONAS | 20 MINUTOS

40 g de parmesano

1 nuez moscada para rallar

2 cucharadas de sémola fina

4 huevos grandes

4 hojas grandes de acelga

½ manojo de espárragos
   (175 g)

1 litro de buen caldo de pollo

20 g de hongos porcini
   (*Boletus edulis*) secos

100 g de arvejas desgranadas

1 pizca de azafrán

aceite de oliva extra virgen

Rallar fino el parmesano y la mitad de la nuez moscada en un bol, añadir la sémola y los huevos. Sazonar y batir todo junto. Cortar en rodajas finas los tallos de la acelga y trocear las hojas. Desechar la parte leñosa de los espárragos y cortarlos al bies dejando enteras las yemas.

Calentar el caldo en una olla a fuego medio, añadir los hongos secos para rehidratarlos. Incorporar las arvejas, la acelga, los espárragos y el azafrán, y cocer a fuego lento. El método más común en Italia es batir el caldo a medida que se van añadiendo los huevos; así se obtienen finas tiras de huevo cuajado y un caldo turbio pero sabroso. Yo prefiero verter con cuidado los huevos en el caldo y dejarlos cocer un par de minutos, para que el caldo quede limpio y elegante. Es la manera de obtener trozos grandes de huevo cuajado y sedoso que puedes romper mientras vas comiendo. Servir la sopa en cuatro boles con un cucharón, terminar con un poco de aceite y servir.

CALORÍAS	GRASAS	GRASAS SATURADAS	PROTEÍNAS	CARBOHIDRATOS	AZÚCAR	SAL	FIBRA
253 kcal	12,7 g	4,4 g	23,2 g	13,1 g	2,4 g	1,4 g	3,1 g

SOPA TOSCANA

SALCHICHAS, SEMILLAS DE HINOJO, PAN, POROTOS Y VERDURAS

Viva la zuppa toscana! Toda esa verdura, sublimada por el delicioso sabor de una salchicha de calidad (si puedes, compra salchicha italiana), el sutil matiz del ají picante al fondo, las papas, los porotos y el pan que absorben toda la sustancia... Esta sopa lo tiene todo. Podríamos definirla como la prima rebelde de una ribollita clásica. Te va a encantar.

PARA 8-10 PERSONAS | 1 HORA

4 salchichas de calidad (300 g)

aceite de oliva

2 cucharaditas de semillas
de hinojo

½ cucharadita de ají picante
rojo seco en escamas

2 cebollas

2 ramas de apio

2 zanahorias

2 papas

700 g de porotos blancos
en conserva

200 g repollo crespo o kale

200 g de pan de masa madre
duro

aceite de oliva extra virgen

queso parmesano (opcional)

Sacar la piel de las salchichas y poner la carne en una cacerola grande a fuego medio con 1 cucharada de aceite de oliva, las semillas de hinojo y las escamas de ají picante. Rehogar 5 minutos o hasta que se dore, desmenuzando la carne con una cuchara de madera. Mientras, pelar y cortar gruesas las cebollas, el apio, las zanahorias y las papas. Añadir a la cacerola y cocer a fuego suave 15 minutos o hasta que las verduras estén tiernas, removiendo de vez en cuando. Verter los porotos (con el agua del tarro), cubrir con 1,5 litros de agua y llevar a ebullición. Cortar y desechar los tallos del repollo crespo, cortar las hojas en tiras y agregarlas a la cacerola. Añadir el pan en trocitos. Cocer a fuego lento 30 minutos o hasta que la sopa espese.

Verter 200 ml de aceite de oliva extra virgen, remover y sazonar a gusto con sal marina y pimienta negra. Servir la sopa en boles calientes y terminar con parmesano rallado por arriba, si apetece.

CALORÍAS	GRASAS	GRASAS SATURADAS	PROTEÍNAS	CARBOHIDRATOS	AZÚCAR	SAL	FIBRA
490 kcal	33,1 g	6,4 g	14,3 g	35 g	5,9 g	1 g	5,3 g

PASTA

CACIO E PEPE

ESPAGUETIS, PIMIENTA NEGRA, MANTECA Y PECORINO

~~~~~~

Este humilde, sencillo y clásico plato de pasta romano utiliza solo cuatro ingredientes que, combinados, logran la perfección absoluta. Desde hace poco se ha convertido en uno de los platos de pasta más de moda en los restaurantes de Londres y Nueva York, y mientras a algunos chefs les gusta darle un punto sedoso, el clásico es de textura un poco más seca, como mi versión; claro está que puedes adaptarlo a tus preferencias. Si quieres un buen resultado, es imprescindible moler la pimienta finamente en el momento, como también lo es elegir un pecorino con el grado justo de acidez. No creas que pocos ingredientes son sinónimo de simple, pues su sutileza está en los detalles y eso es lo que lo convierte en un plato tan especial.

PARA 4 PERSONAS | 15 MINUTOS

300 g de espaguetis

2 cucharaditas de granos de pimienta negra

80 g de pecorino

1 cucharada de manteca

Cocer la pasta en una cacerola con agua salada hirviendo, según las instrucciones del paquete. Mientras se cocina, tostar ligeramente los granos de pimienta en una sartén sin grasa y machacarlos bien en un mortero. Pasarlos por un colador para obtener un polvo fino. Rallar el pecorino también muy fino; esto ayuda a que se derrita uniformemente, sin formar grumos, lo que puede suceder si se ralla demasiado grueso o si se añade cuando la sartén está demasiado caliente.

Cuando la pasta esté cocida, poner la sartén a fuego mínimo y añadir casi toda la pimienta y la manteca. Una vez derretida, agregar la pasta tomándolo con unas pinzas directamente de la cacerola, dejando que caiga también un poco del agua de la cocción. Retirar la sartén del fuego, espolvorear tres cuartas partes del queso y dejar reposar sin remover durante 1 minuto. Mezclar todo, sin usar pinzas ni cuchara de madera, repartirlo entre los platos y servir, al final añadir el resto del pecorino y de la pimienta. Quedan deliciosos servidos con una ensalada verde y un vino blanco bien frío: ¡días felices!

CALORÍAS	GRASAS	GRASAS SATURADAS	PROTEÍNAS	CARBOHIDRATOS	AZÚCAR	SAL	FIBRA
371 kcal	12,1 g	6,9 g	13,6 g	55,6 g	2,5 g	0,9 g	2,2 g

STROZZAPRETI

PEQUEÑAS ALBÓNDIGAS Y SALSA DE TOMATES CHERRY

Este plato de pasta es verdaderamente delicioso hasta el punto de que tus invitados nunca lo olvidarán. Necesitarás algo de tiempo para asar lentamente los tomates cherry, pero el inmenso sabor que obtendrás a cambio será difícil de ignorar. Es un plato perfecto para compartir.

PARA 4 PERSONAS | 1 HORA 30 MINUTOS

1 kg de tomates cherry
   maduros de distintos colores

3 dientes de ajo

2 hojas de laurel fresco

aceite de oliva

vinagre de vino blanco

1 cebolla morada

15 g de pasas

15 g de piñones

250 g de paleta de cerdo
   picada

50 g de pan rallado

2 ramitas de menta fresca

300 g de strozzapreti o
   penne

25 g de pecorino o parmesano

aceite de oliva extra virgen

Precalentar el horno a 190 °C. Hacer un corte en la base de los tomates con un cuchillo afilado, escaldarlos en agua salada hirviendo 40 segundos y escurrir. Cuando estén lo suficientemente fríos como para manipularlos, pelarlos y ponerlos en una fuente de horno. Añadir los ajos pelados y picados gruesos, y las hojas de laurel. Regar con 1 cucharada de aceite de oliva y un chorrito de vinagre, sazonar con sal marina y pimienta negra, y removerlos bien. Asarlos 30 minutos o hasta que empiecen a caramelizarse. Mientras, pelar la cebolla y cortarla fina, rehogarla en una sartén grande a fuego medio con 1 cucharada de aceite de oliva. Agregar las pasas picadas gruesas y sazonar. Cocer a fuego lento 15 minutos o hasta que la cebolla se ablande, removiendo a menudo. Incorporar los piñones troceados en los últimos minutos de cocción, retirar del fuego y dejar enfriar.

Poner la carne de cerdo, el pan rallado y la preparación de cebolla en un cuenco. Añadir las hojas de menta picadas. Sazonar. Amasar y mezclarlo bien. Luego, con las manos húmedas, formar 16 albóndigas algo más grandes que los tomates. Freírlas en 1 cucharada de aceite de oliva en una sartén grande a fuego medio-fuerte 5 minutos o hasta que estén doradas, moviendo la sartén a menudo. Añadirlas a la fuente con los tomates y hornear 20 minutos.

Mientras, cocer la pasta en una cacerola con agua salada hirviendo, según las instrucciones del paquete. Escurrir y reservar una taza del agua de cocción. Agregar la pasta a la fuente, mezclándola con un poco del agua de cocción que se ha reservado. Rallar el pecorino, remover de nuevo, rociar con aceite de oliva extra virgen. ¡Riquísimo!

CALORÍAS	GRASAS	GRASAS SATURADAS	PROTEÍNAS	CARBOHIDRATOS	AZÚCAR	SAL	FIBRA
637 kcal	26,6 g	6,5 g	26,8 g	77,6 g	17,1 g	1,6 g	6,5 g

CARBONARA CLÁSICA

PAN RALLADO CRUJIENTE DE HONGOS

Aunque es uno de los platos de pasta romanos más famosos, en realidad el jamón, los huevos, el queso y la pasta han sido una combinación muy recurrente en toda Italia y durante mucho tiempo. La carbonara perfecta es tema de grandes debates, pero las claves de esta fantástica y reconfortante pasta es buscar guanciale, ponerle mucha pimienta recién molida y controlar la temperatura de la sartén. Me encanta la receta clásica que presento aquí, pero con el complemento del pan rallado crujiente con hongos es una delicia, además de una buena evolución y una gran sorpresa.

PARA 4 PERSONAS | 30 MINUTOS

80 g de guanciale en un trozo
    (papada de cerdo curada)
    o panceta ahumada

10 g de hongos porcini
    (*Boletus edulis*) secos

2 ramitas de romero fresco

80 g de pan casero duro

½ cucharada de granos
    de pimienta negra

300 g de espaguetis
    o bucatini

2 huevos grandes

50 g de parmesano

Quitar el cuero de la papada, picarla y ponerla en una multiprocesadora con los hongos. Añadir las hojas de romero, el pan en trozos y triturar hasta obtener un pan rallado grueso. Tostarlo en una sartén a fuego medio hasta que se dore, removiendo a menudo. Reservar en un bol. En la misma sartén, tostar los granos de pimienta, machacarlos bien en un mortero y pasarlos por un colador para obtener un polvo fino. Dejar enfriar un poco la sartén fuera del fuego.

Cocer la pasta en una cacerola con agua salada hirviendo, según las instrucciones del paquete. Mientras, cortar la papada en trozos de ½ cm, ponerlos en la sartén con la pimienta, a fuego medio-suave, hasta que se derrita la grasa y la papada quede dorada. Batir los huevos en un bol, añadir casi todo el parmesano rallado y batir de nuevo.

Agregar la pasta a la sartén, tomándola con unas pinzas directamente de la cacerola, dejando caer un poco del agua de la cocción. Remover bien, retirar del fuego y, muy importante, esperar 2 minutos a que se enfríe la sartén antes de añadir los huevos (si está demasiado caliente, quedarán huevos revueltos; si lo haces bien, quedarán suaves, sedosos y elegantes). Mientras se remueve la pasta, mezclar los huevos, añadiendo un poco del agua de cocción si fuera necesario. Emplatar enseguida. Rallar el resto del parmesano y servir con el pan rallado, espolvoreado por arriba.

CALORÍAS	GRASAS	GRASAS SATURADAS	PROTEÍNAS	CARBOHIDRATOS	AZÚCAR	SAL	FIBRA
475 kcal	15 g	5,7 g	23 g	66,5 g	3,3 g	1,4 g	3 g

NONNA TERESA

ACCETTURA | BASILICATA

Nonna Teresa, nacida y criada en las montañas de Basilicata, es una maestra de la pasta. Ha cocinado toda su vida. Desde los 7 años preparaba la cena para toda su familia, pues debía tener la comida lista para cuando sus padres regresaban a casa tras un día de trabajo en el campo. Teresa me contó que hasta los 15 años no tuvo su primer par de zapatos. No creo que en la actualidad podamos entender lo que representa algo así, pero realmente da todo su significado al concepto de *cucina povera* (cocina pobre). Para Teresa y su familia, todos y cada uno de los ingredientes de que disponían eran muy importantes, y Teresa es una consumada experta en el arte de conseguir que una pequeña cantidad de ingredientes sirva para mucho. Su cocina es inteligente a la par que deliciosa, y me siento muy privilegiado por haber podido compartir una comida con ella.

PASTA DE NONNA TERESA

PAN RALLADO CON RÁBANO PICANTE Y AJÍ PICANTE

Un buen *pangrattato* (pan rallado crujiente aromatizado) tiene la capacidad de añadir a una comida no solo sabor, sino también una textura increíble. Utilizar rábano picante como se hace aquí es muy inusual, pero muy delicioso, y está totalmente justificado, ya que era una de las pocas verduras que se cultivaban en la zona de Teresa. Este tipo de platos dan dignidad a la escasez de ingredientes.

PARA 4 PERSONAS | 15 MINUTOS

300 g de bucatini
   o rigatoni

aceite de oliva

50 g de pan rallado grueso

1 cucharadita de ají picante
   rojo seco en escamas

5 cm de rábano picante fresco

2 dientes de ajo

½ manojo de tomillo
   fresco (15 g)

2 morrones rojos secos
   (véase pág. 226) u
   8 tomates secos

aceite de oliva extra virgen

Cocer la pasta en una cacerola con agua salada hirviendo, según las instrucciones del paquete. Escurrir, reservando una taza del agua de cocción.

Mientras, poner 2 cucharadas de aceite de oliva en una sartén grande a fuego medio-fuerte con el pan rallado y las escamas de ají picante. Añadir el rábano picante pelado y rallado fino, y sofreír 5 minutos o hasta que esté crujiente, removiendo a menudo. Reservar el pan rallado en un bol. Poner de nuevo la sartén a fuego medio con 2 cucharadas de aceite de oliva. Agregar el ajo pelado y cortado en láminas finas, las hojas de tomillo y los morrones secos troceados, sin las semillas. Sofreír 1 minuto, mezclar la pasta escurrida y añadir un poco del agua de cocción si fuera necesario. Sazonar a gusto, servir en los platos, rociar un poco de aceite de oliva extra virgen y espolvorear el pan rallado por encima.

CALORÍAS	GRASAS	GRASAS SATURADAS	PROTEÍNAS	CARBOHIDRATOS	AZÚCAR	SAL	FIBRA
498 kcal	23,5 g	3,2 g	11,1 g	64,5 g	3,7 g	0,5 g	2,8 g

ESPAGUETIS CON CHIPIRONES

MEJILLONES, PEREJIL, VINO BLANCO, AJÍ PICANTE Y TINTA DE CALAMAR

Este sabroso plato de pasta es muy divertido, sencillo y visualmente atrayente. Por si fuera poco, es rápido de preparar y con un buen vaso de vino blanco frío a su lado será una alegría compartirlo con alguien especial. En los buenos supermercados o en tu pescadería encontrarás tinta de calamar, pero si no lo consiguieras, en Internet lo tienes a un solo clic de distancia.

PARA 2 PERSONAS | 15 MINUTOS

250 g de mejillones limpios
  y sin barbas

150 g de espaguetis

2 dientes de ajo

¼ de cebolla

½ ají picante rojo fresco

aceite de oliva

2 filetes de anchoa en aceite

100 g de chipirones limpios

100 ml de vino blanco Greco
  di Tufo

2 cucharaditas de tinta
  de sepia o de calamar

½ manojo de perejil (15 g)

aceite de oliva extra virgen
  prensado en frío

Golpear los mejillones que estén abiertos; si no se cierran, desecharlos. Cocer la pasta en una cacerola con agua salada hirviendo, según las instrucciones del paquete. Mientras, poner los ajos y la cebolla picados finos y ají picante en rodajas finas en una sartén grande a fuego fuerte con 2 cucharadas de aceite de oliva y las anchoas. Rehogar, removiendo a menudo. Mientras, cortar los chipirones en aros, dejando enteros los tentáculos. Verter el vino y la tinta de calamar en la sartén y dejar reducir a la mitad. Añadir los chipirones y los mejillones, tapar y dejarlo 3 o 4 minutos, hasta que los mejillones se abran (tirar todos los que estén cerrados).

Mientras, picar gruesas las hojas de perejil. Cuando esté cocida, agregar la pasta a la sartén, tomándolo con unas pinzas directamente de la cacerola, dejando caer un poco del agua de la cocción. Espolvorear con el perejil, remover en el fuego durante 1 minuto y añadir un poco del agua de cocción si fuera necesario. Emplatar, aliñar con un poco de aceite de oliva extra virgen y comer de inmediato.

CALORÍAS	GRASAS	GRASAS SATURADAS	PROTEÍNAS	CARBOHIDRATOS	AZÚCAR	SAL	FIBRA
510 kcal	20,6 g	3 g	24,7 g	60,3 g	4,1 g	0,8 g	3 g

PASTA CON PISTACHOS

SALSA DE AJO CRUDO, TOMATE, HIERBAS Y LIMÓN

Cuando la producción es buena y abundante, es un inmenso placer utilizar los ingredientes en crudo. El resultado es una salsa armoniosa en que se conjugan el picante toque del ajo, el dulzor de los tomates maduros, el aroma de las hierbas frescas, esa maravillosa chispa del limón y, lo más importante, la crujiente y fantástica suavidad de los sabrosos y luminosos pistachos verdes. Dicen que los mejores pistachos crecen junto al Etna, por si tienes la suerte de visitarlo. Para mí, este plato fácil de inspiración siciliana es una absoluta delicia.

PARA 4 PERSONAS | 20 MINUTOS

50 g de pistachos sin sal
  y sin cáscara

300 g de espaguetis

1 diente de ajo

1 limón

50 g de pecorino o parmesano

aceite de oliva extra virgen

½ manojo de orégano fresco
  (15 g)

1 manojo de perejil (30 g)

400 g de tomates maduros
  de distintos colores

Machacar los pistachos en un mortero, reservar. Cocer la pasta en una cacerola con agua salada hirviendo, según las instrucciones del paquete. Mientras, pelar y picar fino el ajo, espolvorearlo con una pizca de sal marina y aplastarlo con la hoja de un cuchillo para hacer una pasta. Poner la pasta de ajo en un bol grande, con la ralladura fina de limón, el pecorino rallado, el jugo de limón y 4 cucharadas de aceite. Añadir las hierbas aromáticas picadas. Cortar los tomates en trozos de 1 cm, agregarlos al bol y mezclar todo con los dedos, probar y sazonar a gusto.

Cuando esté cocida, agregar la pasta al bol de la salsa, tomándola con unas pinzas directamente de la cacerola, dejando que caiga también algo del agua de cocción. Mezclar bien, añadiendo un poco del agua de cocción si fuera necesario. Servir en los platos con los pistachos espolvoreados por encima y ¡a comer!

CALORÍAS	GRASAS	GRASAS SATURADAS	PROTEÍNAS	CARBOHIDRATOS	AZÚCAR	SAL	FIBRA
512 kcal	24,6 g	5,5 g	15,6 g	60,7 g	6,6 g	1,1 g	4,4 g

TORTIGLIONI

ARVEJAS FRESCAS, GUANCIALE, MENTA Y PECORINO

~~~~~~

Esta receta, todo un homenaje a las deliciosas arvejas dulces, constituye una comida reconfortante. Es supersencilla y rápida de preparar, y el maravilloso dulzor de las arvejas aporta un magnífico contraste con la profundidad del sabor salado del guanciale. El pecorino, el queso preferido de los habitantes de Roma, se elabora con leche de oveja y merece la pena buscarlo.

PARA 2 PERSONAS | 25 MINUTOS

350 g de guisantes frescos
con vaina

80 g de guanciale en un trozo
(papada de cerdo curada)
o panceta ahumada

150 g de tortiglioni
o rigatoni

2 echalotes

½ limón

½ manojo de menta fresca
(15 g)

30 g de pecorino, y un poco
más para servir

aceite de oliva extra virgen

opcional: brotes de arvejas,
para servir

Desgranar las arvejas y poner las vainas en una cacerola con agua salada hirviendo 5 minutos para que tome su sabor. Cortar el guanciale en daditos, ponerlo en una sartén grande antiadherente a fuego medio para que se derrita la grasa, removiendo a menudo. Mientras, retirar las vainas con una espumadera, cocer la pasta en el agua de arvejas hirviendo, según las instrucciones del paquete. Añadir a la sartén los echalotes pelados y picados, y rehogar 5 minutos o hasta que se doren ligeramente. Agregar las arvejas, un buen chorro de agua y la ralladura fina del limón. Tapar y cocer a fuego lento 5 minutos, removiendo de vez en cuando. Mientras, picar finas las hojas de menta y rallar el pecorino.

Escurrir la pasta y reservar una taza del agua de cocción. Verter la pasta en la sartén, apartar del fuego y remover para que la pasta absorba bien todos los sabores. Añadir la menta y el pecorino, removiendo para que quede cremoso. Verter un poco del agua de cocción si fuera necesario, sazonar a gusto y servir con más pecorino rallado, unas gotas de aceite de oliva extra virgen, un chorrito de limón y unos brotes de arvejas, si se desea.

CALORÍAS	GRASAS	GRASAS SATURADAS	PROTEÍNAS	CARBOHIDRATOS	AZÚCAR	SAL	FIBRA
622 kcal	23,1 g	9,1 g	32 g	76,6 g	7,3 g	2,2 g	11,9 g

LINGUINE CON ESPÁRRAGOS

COCINADO CON MANTECA, PECORINO Y UN TOQUE DE AJÍ PICANTE

Esta técnica para cocinar espárragos la aprendí de una de las nonnas que conocí en un mercado de Roma. Freír primero y luego añadir un poco de líquido y reducir a baja temperatura es garantía de que los sabores se combinen de maravilla. Al final se crea una emulsión gracias a la cual se obtiene una salsa perfecta, tanto por sabor como por textura.

PARA 4 PERSONAS | 15 MINUTOS

300 g de linguine

300 g de espárragos mezclados (trigueros, blancos, verdes)

4 dientes de ajo

2 ajíes picantes rojos secos

aceite de oliva

1 cucharada de manteca

30 g de pecorino o parmesano, y un poco más para servir

1 limón

Cocer la pasta en una cacerola con agua salada hirviendo, según las instrucciones del paquete. Mientras, cortar y desechar los extremos leñosos de los espárragos, y cortarlos en trozos al bies dejando enteras las yemas. En una sartén grande con 2 cucharadas de aceite y la manteca, poner los ajos pelados y cortados en rodajas finas, y los ajíes picantes desmenuzados. Rehogar a fuego medio y, cuando el ajo empiece a dorarse, añadir los espárragos. Sofreír y verter una cucharada del agua de cocción de la pasta, tapar y cocer a fuego lento hasta que la pasta esté al dente.

Cuando esté cocida, agregar la pasta a la sartén, tomándola con unas pinzas directamente de la cacerola, dejando que caiga también algo del agua de la cocción. Apagar el fuego, rallar el pecorino y mezclar todo hasta que la grasa, el queso y el líquido formen una salsa cremosa; añadir un poco del agua de la cocción si fuera necesario. Probar y sazonar a gusto, y servir en los platos. Terminar con más pecorino rallado y un poco de ralladura de limón, si lo desea.

CALORÍAS	GRASAS	GRASAS SATURADAS	PROTEÍNAS	CARBOHIDRATOS	AZÚCAR	SAL	FIBRA
407 kcal	15 g	5,3 g	13,3 g	58,3 g	4,1 g	0,3 g	2,2 g

STRACCI CON SALCHICHAS

CALABAZA, LAUREL, PIMIENTA NEGRA Y PARMESANO

Stracci significa «harapos» y esto precisamente es lo que son, trozos desiguales, sedosos y desparejos que pueden combinarse con multitud de salsas diferentes. Cuando llega el otoño, la sencillez de estos ingredientes fritos lentamente para obtener su máximo sabor, crean una comida más exquisita y reconfortante. Salchicha, calabaza, la viveza de la pimienta, el toque floral del laurel... ¡delicioso!

PARA 4 PERSONAS | 40 MINUTOS

la mitad de la pasta casera
  (véase pág. 370)

aceite de oliva

8 hojas de laurel fresco

4 salchichas de calidad (300 g)

1 cebolla

1 rama de apio

300 g de calabaza

1 cucharada de vinagre de vino
  tinto

50 g de parmesano

aceite de oliva extra virgen
  prensado en frío

Empezar haciendo la pasta casera (véase pág. 370). Poner 2 cucharadas de aceite de oliva y las hojas de laurel en una sartén grande. Sacar la piel de las salchichas y poner la carne en la sartén, desmenuzándola con una cuchara de madera. Sofreírla a fuego medio hasta que esté ligeramente dorada, removiendo de vez en cuando. Mientras, pelar la cebolla y el apio, picarlos junto con la calabaza en trozos pequeños, pero no uniformes. Añadirlo a la sartén con una buena pizca de pimienta negra. Rehogar de 15 a 20 minutos, o hasta que las verduras se ablanden y empiecen a tomar color; necesitan su tiempo. Cuando estén hechas, sazonar con un poco de sal marina, verter el vinagre y dejar que se evapore.

Estirar la pasta hasta 2 mm de grosor, cortarla o romperla en cintas o trozos de 5 cm. Hervir la pasta en una olla grande con agua salada hirviendo solo 2 minutos, sacarla con una espumadera y agregarla a la sartén dejando que caiga también algo del agua de la cocción. Rallar por encima casi todo el parmesano, aliñar con aceite de oliva extra virgen, mezclar bien y dejar emulsionar la salsa. Emplatar, rallar el resto del parmesano y añadir un chorrito de aceite de oliva extra virgen.

CALORÍAS	GRASAS	GRASAS SATURADAS	PROTEÍNAS	CARBOHIDRATOS	AZÚCAR	SAL	FIBRA
741 kcal	44 g	13,6 g	34 g	53,4 g	7,6 g	1,8 g	4,3 g

BUCATINI A LA AMATRICIANA

GUANCIALE, PIMIENTA NEGRA, CEBOLLA, TOMATES Y PECORINO

Sin ser originario de Roma, se ha convertido en uno de los platos de pasta más famosos de esta ciudad. La versión moderna, a diferencia de la tradicional, incluye tomates. Es una excelente salsa para pasta, deliciosa y fácil de preparar, que ensalza el guanciale (papada de cerdo curada), fácil de conseguir en buenos negocios de especialidades italianas. Vale la pena tomarse la molestia de encontrarlo, aunque por supuesto la panceta también puede ser adecuada.

PARA 2 PERSONAS | 20 MINUTOS

80 g de guanciale en un trozo
(papada de cerdo curada)
o panceta ahumada

aceite de oliva

150 g de bucatini
o espaguetis

1 cebolla morada

400 g de tomates perita
en conserva

20 g de pecorino o parmesano

aceite de oliva extra virgen

Cortar la papada en tiras y dorarlas en una sartén grande a fuego medio con 1 cucharada de aceite de oliva. Mientras, cocer la pasta en una cacerola con agua salada hirviendo, según las instrucciones del paquete. Escurrir y reservar una taza del agua de la cocción. Añadir la cebolla cortada en finas láminas a la sartén con mucha pimienta negra recién molida. Rehogar 5 minutos o hasta que se ablande, removiendo de vez en cuando. Estrujar los tomates con las manos limpias, añadirlos con una pizca de sal marina y cocer a fuego lento hasta que la pasta esté lista.

Agregar la pasta a la salsa, con un poco del agua de la cocción si fuera necesario. Sazonar a gusto con más pimienta. Servir en platos calientes, rallar el pecorino por arriba y aliñar con un poco de aceite de oliva extra virgen. No es lo tradicional, pero a veces termino el plato con unas hojas de albahaca, tomillo o mejorana frescos en trozos.

CALORÍAS	GRASAS	GRASAS SATURADAS	PROTEÍNAS	CARBOHIDRATOS	AZÚCAR	SAL	FIBRA
590 kcal	27,3 g	8,3 g	21,2 g	69,6 g	15,1 g	2,5 g	5,6 g

LINGUINE CON LANGOSTINOS Y ATÚN

AGRIDULCES CON PISTACHOS, PEREJIL, VINAGRE Y AZAFRÁN

Para esta receta me he inspirado en el tiempo que pasé cocinando con nonna Rosanna. Se trata de un plato de pasta agridulce en que se utilizan también las cabezas de los langostinos para conseguir el máximo sabor. Aplico uno de los trucos de Rosanna: una vez cortadas las cebollas, se lavan con agua para que queden más suaves, y además, la humedad que absorben les añade dulzor al cocinarlas, antes de agregar el vinagre para lograr el contraste.

PARA 2 PERSONAS | 45 MINUTOS

2 cebollas pequeñas

4 langostinos grandes
  con caparazón

aceite de oliva

1 rama de canela

2 filetes de anchoa en aceite

una buena pizca de azafrán

4 cucharadas de vinagre
  de vino blanco

50 g de pistachos sin sal
  y sin cáscara

corteza de pecorino
  o parmesano

150 g de linguine

200 g de atún

½ manojo de perejil (15 g)

Pelar y cortar las cebollas en rodajas finas, dejarlas en un bol con agua. Separar las cabezas de los langostinos y ponerlos en una sartén con 2 cucharadas de aceite y la canela. Rehogar a fuego medio y añadir las anchoas. Escurrir las cebollas y agregar a la sartén. Tapar y rehogar 20 minutos o hasta que estén muy blandas, removiendo de vez en cuando y añadiendo un poco de agua si fuera necesario. Mientras, pelar los langostinos, cortar el dorso con un cuchillo afilado para abrirlos y retirar la tripa. Poner el azafrán con un poco de agua hirviendo y el vinagre. Machacar los pistachos en un mortero y, otro truco de Rosanna, rallar finamente un poco de cáscara de pecorino, para condimentarlos.

Cocer la pasta en una cacerola con agua salada hirviendo, según las instrucciones del paquete. Mientras, cortar el atún en trozos de 1 cm y picar finas las hojas de perejil. Cuando falten 2 minutos de cocción de la pasta, destapar las cebollas y subir el fuego al máximo. Machacar las cabezas de los langostinos para que suelten todo su jugo, desechar las cabezas y la canela. Añadir la mitad del perejil y parar el hervor vertiendo la mezcla de azafrán y vinagre. Incorporar los langostinos y el atún, y agregar la pasta a la sartén, tomándola con unas pinzas directamente de la cacerola y dejando que caiga también algo del agua de la cocción. Remover unos 2 minutos, añadiendo un poco del agua de cocción si fuera necesario. Apagar el fuego, añadir la cáscara de pecorino rallada y los pistachos, probar y rectificar la sazón. Esparcir el perejil restante.

CALORÍAS	GRASAS	GRASAS SATURADAS	PROTEÍNAS	CARBOHIDRATOS	AZÚCAR	SAL	FIBRA
699 kcal	29,3 g	4,1 g	46,4 g	66,3 g	10,6 g	0,6 g	6,2 g

CAVATELLI CON SALCHICHA

PIMIENTOS PICANTES CON TOMILLO

Cavatelli significa «pequeños huecos», aunque me gusta llamar al plato *pasta porcospino* (puercoespín). Es una receta fácil y maravillosa, hecha a mano e inspirada por la pasta picante que nonna Teresa cocinó para mí.

PARA 4 PERSONAS | 1 HORA 25 MINUTOS

400 g de harina de trigo
candeal o sémola fina,
y un poco más
para espolvorear

aceite de oliva

1 ají picante rojo seco

1 morrón rojo seco (véase
pág. 226) o 1 cucharadita
de pimentón dulce

½ manojo de tomillo fresco
(15 g)

1 salchicha grande de calidad
(125 g)

1 cebolla morada

2 dientes de ajo

125 ml de vino blanco del sur
de Italia

400 g de tomates perita
en conserva

40 g de pecorino o parmesano

Poner la harina en forma de volcán en la superficie de trabajo y hacer un pozo en el centro. Verter de a poco 200 ml de agua templada, hasta formar una masa. Amasar 10 minutos sobre la superficie enharinada o hasta que esté lisa y elástica. Cortar la masa en cuatro y tomar una parte. Tapar el resto con un paño de cocina limpio y húmedo para que no se reseque. Estirar el primer cuarto dándole la forma de un cilindro de 1 cm de diámetro y cortarlo en trozos de 2 cm. Enharinar el dorso de un rallador fino y aplastar suavemente contra el rallador un trocito de masa con el pulgar; luego, girarlo para darle una textura nudosa. Ponerlo en una fuente espolvoreada con sémola y repetir hasta terminar la masa. Al final le tomarás la mano.

Poner una sartén grande a fuego medio con 3 cucharadas de aceite. Quitar las semillas y el tallo del ají y el morrón, cortar en trozos y añadir a la sartén. Freír las hojas de tomillo 30 segundos o hasta que estén crujientes. Retirar todo y reservar, dejando la sartén en el fuego. Sacar la piel de la salchicha, poner la carne desmenuzada en la sartén. Añadir la cebolla y los ajos, todo pelado y picado fino (y el pimentón, si se usa), rehogar 15 minutos o hasta que se ablanden, removiendo de vez en cuando. Verter el vino, dejar evaporar y añadir los tomates triturados. Sazonar y cocer a fuego lento 15 minutos.

Cocer la pasta en una cacerola con agua salada hirviendo 4 minutos o hasta que esté hecha. Escurrir, reservando una taza del agua de la cocción. Mezclar con la salsa, rallar casi todo el pecorino y mezclar de nuevo. Añadir un poco del agua de la cocción si fuera necesario. Esparcir la mezcla de morrón y ají picante por encima y rallar el resto del pecorino.

CALORÍAS	GRASAS	GRASAS SATURADAS	PROTEÍNAS	CARBOHIDRATOS	AZÚCAR	SAL	FIBRA
599 kcal	19,4 g	5,6 g	19,7 g	86,7 g	6,3 g	1,2 g	4,5 g

FETTUCCINE CON ATÚN

ZUCCHINIS BABY, TOMATES CHERRY, PECORINO Y ALMENDRAS

Cocinar con María, la única pescadora de la isla de Procida, a un paso de Nápoles, me inspiró este plato. Me encanta la forma en que utiliza el pecorino como condimento, a pesar de que contradice la regla de «queso y pescado nunca juntos», mientras que las almendras picadas aportan textura, cremosidad y rotundidad de sabor. Para que esta receta cante como Pavarotti se necesitan unos zucchinis pequeños o bien crujientes, por lo que es mejor hacerla en verano.

PARA 4 PERSONAS | 20 MINUTOS

50 g de almendras enteras

1 cebolla pequeña

2 dientes de ajo

4 filetes de anchoa en aceite

aceite de oliva

300 g de fettuccine
 o linguine

4 zucchinis baby con flores

300 g de atún

400 g de tomates cherry
 en conserva

1 limón

30 g de pecorino

aceite de oliva extra virgen

Tostar ligeramente las almendras en una sartén grande a fuego medio y ponerlas en un mortero, dejando la sartén en el fuego. Pelar la cebolla y los ajos, picarlos finos junto con las anchoas y añadirlo a la sartén con 2 cucharadas de aceite de oliva. Rehogar 4 minutos, removiendo a menudo.

Mientras, cocer la pasta en una cacerola con agua salada hirviendo, según las instrucciones del paquete. Cortar los zucchinis en rodajas de ½ cm de grosor, reservando las flores. Cortar el atún en dados de 1 cm y poner todo en la sartén. Estrujar los tomates con las manos limpias, regar con el jugo de limón y dejar reducir, removiendo a menudo. Rallar el pecorino. Machacar las almendras en trocitos bien pequeños.

Cuando esté hecha, agregar la pasta a la sartén, tomándola con unas pinzas directamente de la cacerola, dejando que caiga también algo del agua de la cocción. Remover, apagar el fuego, añadir las flores del zucchini troceadas, el pecorino y casi todas las almendras. Comprobar la sazón, añadiendo un poco del agua de cocción si fuera necesario. Servir espolvoreado con el resto de las almendras y con un chorrito de aceite de oliva extra virgen.

CALORÍAS	GRASAS	GRASAS SATURADAS	PROTEÍNAS	CARBOHIDRATOS	AZÚCAR	SAL	FIBRA
581 kcal	23,3 g	4,5 g	34 g	62,9 g	8,6 g	0,8 g	3,7 g

TAGLIATELLE CON CASTAÑAS

PANCETA AHUMADA, VIN SANTO, PARMESANO Y ACEITE

Para mí, las castañas y el vin santo son los sabores de la Toscana por excelencia y un maridaje sorprendente para este plato de pasta sencillo, elegante y delicado. Realzado por el ahumado de la panceta crujiente, un poco de parmesano y perejil, es un auténtico deleite.

PARA 2 PERSONAS | 45 MINUTOS CON PASTA FRESCA

¼ de pasta casera (véase pág. 370) o 150 g de tagliatelle

4 fetas de panceta ahumada

1 cebolla

40 g de castañas cocidas al vacío

40 ml de vin santo

½ manojo de perejil (15 g)

40 g de parmesano

aceite de oliva extra virgen prensado en frío

Se puede hacer esta receta con pasta seca, pero una pasta fresca hecha en casa hará que este plato sea sublime. Empezar haciendo la pasta casera (véase pág. 370). Estirar la masa a 2 mm de grosor. Luego, con un cuchillo o un cortador de pasta, cortar cintas de unos 6 mm de ancho. Puede hacerse con un cortador de tallarines en la máquina de pasta o, si se usa pasta seca, cocerla en una cacerola con agua salada hirviendo, según las instrucciones del paquete.

Cortar la panceta en tiras finas, ponerla en una sartén antiadherente a fuego medio para que se derrita la grasa. Pelar la cebolla y picarla fina junto con las castañas. Añadirlas a la sartén y rehogar 5 minutos o hasta que la cebolla esté blanda, pero sin que tome color, removiendo de vez en cuando. Verter el vin santo y dejar reducir hasta que la pasta esté lista.

Si se hace con pasta fresca, cocerla 2 minutos en una cacerola con agua salada hirviendo. En cualquier caso, cuando esté hecha, agregar la pasta a la sartén, tomándola con unas pinzas directamente de la cacerola y dejando que caiga también un poco del agua de la cocción. Trocear las hojas de perejil y rallar casi todo el parmesano. Mezclar bien para emulsionar la salsa hasta que esté homogénea, añadiendo otro poco del agua de la cocción si fuera necesario. Sazonar a gusto, servir enseguida con un buen chorro de aceite y el resto del parmesano rallado por arriba.

CALORÍAS	GRASAS	GRASAS SATURADAS	PROTEÍNAS	CARBOHIDRATOS	AZÚCAR	SAL	FIBRA
600 kcal	29,7 g	9,3 g	23,9 g	57,2 g	9,3 g	0,7 g	3,9 g

LINGUINE CON SALCHICHA

BROCCOLINI, AJÍ PICANTE, AJO, VINO BLANCO Y PECORINO

La filosofía de que con poco se puede llegar lejos es muy cierta, tal como demuestra este plato. Una de las grandes ventajas de comprar en los mercados es la posibilidad de adquirir pequeñas cantidades de ingredientes a medida que se van necesitando, como una sola salchicha. ¡Vamos! ¿Qué esperas?

PARA 2 PERSONAS | 15 MINUTOS

150 g de linguine

200 g de broccolini (bimi)
   o flores de brócoli

aceite de oliva

1 salchicha grande de calidad
   (125 g)

1 diente de ajo

2 filetes de anchoa en aceite

1 pizca de ají picante rojo seco
   en escamas

100 ml de vino blanco Frascati

20 g de pecorino o parmesano

aceite de oliva extra virgen

Cocer la pasta en una cacerola con agua salada hirviendo, según las instrucciones del paquete. Escurrir, reservando una taza del agua de la cocción.

Mientras, limpiar los broccolini (cortando los tallos gruesos por la mitad para que queden más tiernos). Poner una sartén grande a fuego medio con 1 cucharada de aceite de oliva. Sacar la piel de la salchicha, poner la carne en la sartén y desmenuzarla con una cuchara de madera. Cuando empiece a dorarse, añadir el ajo pelado y picado, las anchoas, las escamas de ají picante, los broccolini y el vino. Dejar reducir mientras se cocina la pasta.

Mezclar la pasta escurrida con el contenido de la sartén, rallar por encima el pecorino y aliñar con aceite de oliva extra virgen. Mezclar de nuevo, añadiendo un poco del agua de la cocción, si fuera necesario, para lograr una salsa cremosa y ligera. Probar, sazonar a gusto y servir enseguida.

CALORÍAS	GRASAS	GRASAS SATURADAS	PROTEÍNAS	CARBOHIDRATOS	AZÚCAR	SAL	FIBRA
647 kcal	30,7 g	9,3 g	28,2 g	60,6 g	5,2 g	1,8 g	6,2 g

LAS NONNAS
DE LAS ORECCHIETTE

VALLE DE ITRIA | APULIA

Graziella, Comazia, Vita y Cinzia son amigas de toda la vida. Ellas mismas elaboran toda su pasta fresca, cada día, utilizando los mínimos ingredientes para conseguir el máximo sabor. Todas tienen un huerto en la parte trasera de sus *trulli* (casas típicas), por lo que sus platos siguen el ritmo de las estaciones e incluyen sus propios productos recién cosechados para elaborar deliciosos platos. Debido a su edad y experiencia, Graziella es conocida como la reina de las orecchiette (y créeme cuando te digo que la competencia local es feroz). Ella y sus amigas nos regañaron a Gennaro y a mí cuando cocinábamos con ellas. Haz tus propias orecchiette siguiendo las recetas de las páginas siguientes.

ORECCHIETTE

«OREJITAS»

Para hacer estas orejitas hay que conocer algunas técnicas. Es uno de mis tipos de pasta favoritos, pero son extrañamente difíciles de dominar. Con ello no pretendo desanimarte: en Italia he visto tanto a niños de 5 años como a adultos de 100 que las elaboraban con pasmosa facilidad. Si antes de empezar te mentalizas y te relajas, te prometo que les tomarás la mano muy pronto.

PARA 4 PERSONAS | 1 HORA 30 MINUTOS

400 g de harina de trigo candeal o sémola fina, y un poco más para espolvorear

Poner la harina sobre una superficie limpia y hacer un pozo en el centro. Verter de a poco 200 ml de agua templada, juntando la harina con un tenedor hasta formar una masa. Amasar durante 10 minutos sobre la superficie enharinada o hasta que esté lisa y firme, alternando amasado rápido y lento. Cortar la masa en cuatro, para trabajar con una cuarta parte cada vez. Tapar el resto con un paño de cocina limpio y húmedo para evitar que se reseque. Estirar el primer cuarto dándole la forma de un cilindro de 1 cm de diámetro y cortarlo en trocitos de 1 cm. Enharinar bien la superficie.

Para el primer método, empezando por el borde más alejado, arrastrar un cuchillo sin filo por encima del trocito de pasta, para que esta se enrolle alrededor del cuchillo. Sacar suavemente la masa del cuchillo, empujar el pulgar dentro y dar vuelta la masa. Repetir con toda la masa; al final agarrarás la mano. En el segundo método, hay que colocar el pulgar en el centro de un trocito de pasta (para ser más preciso, hacer primero una bolita), girar el pulgar para hacer un disco, levantarlo y sostenerlo entre el índice y el pulgar, tirándolo suavemente sobre el índice para obtener la forma de una orejita. Ponerlas en una fuente espolvoreada con harina a medida que se van haciendo.

Cualquiera que sea el método, repetir con toda la pasta, modelando y perfeccionando la técnica hasta que estén hechas todas las orecchiette.

CALORÍAS	GRASAS	GRASAS SATURADAS	PROTEÍNAS	CARBOHIDRATOS	AZÚCAR	SAL	FIBRA
349 kcal	1,6 g	0,2 g	10,6 g	77,9 g	0,6 g	0 g	2,9 g

ORECCHIETTE CON BERENJENA Y GARBANZOS NEGROS

PARA 4 PERSONAS | 30 MINUTOS, MÁS EL REMOJO

Poner en remojo **150 g de garbanzos negros o normales** durante toda la noche, escurrir y cocer siguiendo las instrucciones del paquete, hasta que estén tiernos. Limpiar **1 berenjena** y **1 zucchini**, y cortar en dados de 2 cm, pelar **1 cebolla** y cortarla en láminas finas. Rehogar las verduras en una sartén grande a fuego medio-fuerte con **1 cucharada de aceite de oliva** durante 15 minutos o hasta que se ablanden, removiendo de vez en cuando. Escurrir los garbanzos, y resevar el agua del remojo. Añadirlos a la sartén con el jugo de **½ limón** y un buen chorro del agua reservada. Cocer a fuego suave 8 minutos más, probar y sazonar a gusto con sal marina y pimienta negra. Mientras, cocer las **orecchiette frescas** (véase pág. 128) en agua salada hirviendo durante 4 minutos (o **300 g de orecchiette secas** siguiendo las instrucciones del paquete). Añadir la pasta a la salsa y mezclar, vertiendo un poco del agua de la cocción si fuera necesario. Servir.

ORECCHIETTE CON TOMATE Y HABAS

PARA 4 PERSONAS | 30 MINUTOS

Pelar **1 cebolla** y cortarla en láminas finas, ponerla en una cacerola poco profunda a fuego medio con **1 cucharada de aceite de oliva**. Remover de vez en cuando; mientras, desgranar **375 g de habas tiernas** (las primeras de la temporada son pequeñas y muy tiernas; si son grandes hay que pelarlas), añadirlas a la cacerola y rehogar 6 minutos. Agregar **250 g de tomates maduros** en dados de 1 cm. Sazonar con sal marina y pimienta negra, añadir las hojas troceadas de **½ manojo de albahaca fresca (15 g)**. Mientras, hervir las **orecchiette frescas** (véase pág. 128) en agua salada hirviendo 4 minutos (o **300 g de orecchiette secas** siguiendo las instrucciones del paquete). Añadir la pasta a la salsa y mezclar, vertiendo un poco del agua de cocción si fuera necesario. Rallar **20 g de ricota salada o pecorino** y mezclar de nuevo, y terminar con más queso rallado, si apetece.

CORTECCE

PESTO DE BRÓCOLI, PECORINO, AJO Y ANCHOA

La pasta de tipo *corteccia*, que significa «corteza de árbol», también se conoce como *cavatelli*, una palabra italiana que significa «pequeños huecos». Es muy práctica para hacer con los niños y cada una tiene una forma única, nudosa, llena de cavidades y perfecta para absorber la salsa. Debo decir que, servida con este pesto caliente, ha sido siempre uno de los platos de pasta favoritos de mi esposa.

PARA 4 PERSONAS | 1 HORA 30 MINUTOS

400 g de harina de trigo candeal o sémola fina, y un poco más para espolvorear

400 g de flores de brócoli o *cime di rapa* (grelos)

aceite de oliva

2 dientes de ajo

4 filetes de anchoa en aceite

1 pizca de ají picante rojo seco en escamas

40 g de pecorino o parmesano, y un poco más para servir

aceite de oliva extra virgen

1 limón

Poner la harina encima de una superficie limpia y hacer un pozo en el centro. Verter poco a poco 200 ml de agua templada, juntando la harina con un tenedor hasta formar una masa. Amasar 10 minutos sobre la superficie enharinada o hasta que esté lisa y firme, alternando amasado rápido y lento. Seguir las instrucciones de la página 135 para hacer las cortecce.

Limpiar el brócoli, cortando por la mitad los tallos anchos para que se cocinen uniformemente. Poner una cacerola a fuego medio-fuerte con 2 cucharadas de aceite de oliva, añadir los ajos pelados y laminados, las anchoas y las escamas de ají picante. Al cabo de un par de minutos, agregar el brócoli, una pizca de sal marina y pimienta negra, y un chorrito de agua para parar la cocción. Tapar y cocer 10 minutos, y un par de minutos más destapado. Poner la preparación de brócoli sobre una tabla y picarla fina. Rallar el queso por encima, rociar con 2 cucharadas de aceite de oliva extra virgen y un chorro de jugo de limón. Mezclar, probar y rectificar la sazón a gusto.

Cocer la pasta en una cacerola con agua salada hirviendo 4 minutos o hasta que esté al dente. Escurrir la pasta, y reservar un poco del agua de la cocción para emulsionar la salsa. Ponerla de nuevo en la cacerola, verter el pesto de brócoli, probar de nuevo. Terminar con aceite de oliva extra virgen y más queso rallado.

CALORÍAS	GRASAS	GRASAS SATURADAS	PROTEÍNAS	CARBOHIDRATOS	AZÚCAR	SAL	FIBRA
544 kcal	18,8 g	4,3 g	17,7 g	81,3 g	2,8 g	1,3 g	6,6 g

CÓMO HACER LAS CORTECCE

Divide la masa en trozos del tamaño de una bolita y dales forma de pequeñas y delgadas salchichas. Tómalas de a una, coloca los dedos encima, luego presiona hacia abajo y arrastra la pasta hacia ti para enrollarla y crear su forma, sacudiendo suavemente los trozos de pasta de los dedos para no aplastarlos.

LASAÑA

HINOJO, PUERROS Y QUESOS

~~~~~~

Asumiendo hasta el final nuestro objetivo de extraer todo lo dulce y delicioso que pueden dar de sí el hinojo y el puerro, esta lasaña es una auténtica revelación. Elaborada y preparada con amor, es un centro de mesa rotundo y con estilo.

PARA 8-10 PERSONAS | 2 HORAS 20 MINUTOS, MÁS ENFRIADO

4 puerros grandes

3 bulbos de hinojo

6 dientes de ajo

50 g de manteca

½ manojo de tomillo fresco (15 g)

125 ml de vino blanco Soave

75 g de harina

1,5 litros de leche entera

1 nuez moscada para rallar

50 g de pecorino o parmesano

100 g de Taleggio

la mitad de la pasta casera (véase pág. 370) o 400 g de láminas de lasaña seca

1 bola de mozzarella de 125 g

100 g de gorgonzola

aceite de oliva

Limpiar y cortar en láminas los puerros y el hinojo, pelar y picar finos los ajos. Derretir la manteca en una cacerola grande a fuego medio, añadir casi todas las hojas de tomillo y luego las verduras. Sazonar y rehogar 15 minutos, removiendo a menudo. Verter el vino, tapar y cocer 30 minutos o hasta que las verduras estén tiernas y caramelizadas, removiendo a menudo y añadiendo chorritos de agua si fuera necesario.

Añadir la harina y sofreír unos minutos, verter la leche poco a poco, un chorrito cada vez, removiendo sin parar. Cocer a fuego lento hasta que espese, removiendo de vez en cuando. Rallar fina media nuez moscada. Retirar del fuego, rallar la mitad del pecorino, desmenuzar la mitad del Taleggio y remover bien. Probar y sazonar a gusto con sal marina y pimienta negra, si fuera necesario, y dejar enfriar.

Precalentar el horno a 180 °C. Si se usa pasta casera (véase pág. 370), estirarla a 2 mm de grosor y cortar en láminas. Para prepararla, ir intercalando capas de pasta y de salsa en una fuente grande de horno, añadiendo trocitos de mozzarella, gorgonzola y el Taleggio restante en cada capa y terminar con una última capa de salsa. Rallar por arriba el resto del pecorino y poner todos los trocitos sobrantes de los otros quesos. Hornear 40 minutos o hasta que la lasaña borbotee y esté dorada. Mezclar el resto de las hojas de tomillo con un poco de aceite y echarlo encima los últimos 5 minutos. Dejar reposar 15 minutos y ¡al ataque!

CALORÍAS	GRASAS	GRASAS SATURADAS	PROTEÍNAS	CARBOHIDRATOS	AZÚCAR	SAL	FIBRA
584 kcal	34,2 g	18 g	25,8 g	42 g	13 g	1,8 g	1,4 g

CÓMO HACER RAVIOLIS

Extender la masa sobre una superficie bien enharinada hasta darle un grosor de 1 mm. Colocar cucharaditas colmadas de relleno a distancia regular y ligeramente descentradas sobre largas tiras de pasta de 14 cm de ancho. Untar ligeramente con agua los bordes de la pasta y doblar las tiras por la mitad sobre el relleno. Sellar suavemente alrededor del relleno, expulsando el aire, y luego cortar en cuadrados de 7 cm de lado. A medida que se van haciendo, colocarlos en una bandeja espolvoreada con sémola.

RAVIOLIS

VERDURAS DE ESTACIÓN, PURÉ DE PAPA Y QUESO

~~~~~~

Perfeccionar el ritual de la elaboración de raviolis es una de las grandes alegrías de la vida. No es que sea particularmente difícil, pero, como en todo, la perfección se consigue con la práctica. Mi consejo es que vayas practicando la técnica tú solo, con tiempo y paciencia, y luego podrás presentarlos sin temor en tus fiestas. Delicadas y delgadas almohadas de pasta rellenas de verduras de estación, puré, ají picante y queso. ¡Casi nada!

PARA 6 PERSONAS | 2 HORAS, MÁS ENFRIADO

¼ de pasta casera
  (véase pág. 370)

1 papa grande (150 g)

manteca

1 diente de ajo

½–1 ají picante rojo fresco

aceite de oliva

150 g de verduras de estación,
  como ajo silvestre, acelgas,
  ortigas, espinacas, rúcula

40 g de pecorino o parmesano,
  y un poco más para servir

1 nuez moscada para rallar

1 limón

Empezar haciendo la pasta casera (véase pág. 370). Mientras reposa, pelar la papa, cortarla en trozos y cocerla en una cacerola con agua salada hirviendo 15 minutos o hasta que esté tierna. Escurrir, dejar secar, poner de nuevo en la cacerola y hacer un puré con 2 cucharadas de manteca, una pizca de sal marina y pimienta negra. Mientras, pelar y picar fino el ajo, picar el ají picante (sin semillas si lo prefieres), rehogar en una sartén antiadherente a fuego medio con un chorrito de aceite hasta que empiecen a dorarse. Lavar las verduras y desechar los tallos duros. Reservar un buen puñado de hojas y añadir el resto a la sartén. Remover hasta que pierdan volumen. Luego, cocer hasta que se oscurezcan y se evapore toda el agua. Apagar el fuego y dejar enfriar 10 minutos.

Para terminar el relleno, picar las verduras muy finas y mezclar con el puré. Rallar el pecorino y media nuez moscada, mezclar, probar y sazonar a gusto. Seguir las instrucciones de la página 138 para hacer 24 raviolis.

Cocer los raviolis, 2 porciones cada vez, en una cacerola con agua salada hirviendo 2 minutos. Mientras, derretir una buena cucharada de manteca en una sartén a fuego medio-fuerte y freír 2 porciones de las hojas reservadas hasta que estén crujientes. Disponer la pasta en dos platos, verter encima la manteca y las hojas, rallar un poco más de pecorino y añadir con un chorro de jugo de limón. Servir a los primeros invitados afortunados y preparar otras 2 porciones. Les va a encantar.

CALORÍAS	GRASAS	GRASAS SATURADAS	PROTEÍNAS	CARBOHIDRATOS	AZÚCAR	SAL	FIBRA
255 kcal	17 g	8,1 g	7,3 g	19 g	1 g	0,8 g	1 g

CÓMO HACER AGNOLOTTI

Extender la masa sobre una superficie bien enharinada hasta darle un grosor de 1 mm. Para controlar mejor, trabajar con la mitad de la cantidad indicada. Colocar cucharaditas colmadas de relleno a distancia regular y ligeramente descentradas sobre largas tiras de pasta de 8 cm de ancho. Untar ligeramente con agua los bordes de la pasta y doblar las tiras por la mitad sobre el relleno. Presionar suavemente cada bola de relleno para aplanarla un poco, para que expulse el aire. Luego recortar y doblar de nuevo la pasta. Cortar entre las bolas de relleno para hacer pequeñas almohadas, sellar y pellizcar los bordes. A medida que se van haciendo, colocarlos en una bandeja espolvoreada con sémola.

AGNOLOTTI DE CARNE ASADA

SALSA DE CALDO DE HONGOS Y MANTECA

~~~~~~

Los agnolotti son los raviolis piamonteses por antonomasia. Cada porción de pasta tiene el tamaño y la forma perfectos para ser saboreada como un bocado celestial, mientras que la intensidad y la sencillez de la salsa emulsionada le aportan una sensación suntuosa.

PARA 8-10 PERSONAS | 3 HORAS

1 porción de pasta casera
  (véase pág. 370)

aceite de oliva extra virgen

RELLENO

1 cebolla

2 ramas de apio

2 dientes de ajo

4 fetas de panceta ahumada

aceite de oliva

400 g de carne asada sobrante,
  como pollo, cerdo, ternera

2 ramitas de romero fresco

50 g de parmesano

1 nuez moscada para rallar

SALSA

750 ml de buen caldo de pollo

10 g hongos porcini
  (*Boletus edulis*) secos

75 g de manteca sin sal

Empezar haciendo la pasta casera (véase pág. 370). Mientras reposa, preparar el relleno. Pelar la cebolla, el apio y el ajo, y picarlos finos con la panceta. Poner todo en una sartén grande a fuego medio-suave con 1 cucharada de aceite de oliva. Rehogar 10 minutos o hasta que las verduras estén tiernas, pero sin que tomen color, removiendo de vez en cuando. Para la salsa, verter el caldo en una cacerola grande, añadir los hongos y cocer a fuego medio hasta que se reduzca a la mitad.

Picar fina la carne, añadir a la sartén con las ramitas de romero y sofreír lentamente hasta que la carne esté tierna. Verter 100 ml del caldo reducido y dejar evaporar por completo; el relleno tiene que quedar bastante seco. Sacar el romero, rallar fino casi todo el parmesano y un poco de nuez moscada, sazonar a gusto y dejar enfriar completamente.

Seguir las instrucciones de la página 143 para hacer los agnolotti. En una cacerola grande, recalentar el caldo reducido a fuego medio-suave y batirlo con la manteca para obtener una salsa sedosa. Hervir la mitad de la pasta en una cacerola grande con agua salada durante 1 minuto, retirarla con una espumadera y ponerla directamente en la salsa. Cocer el resto de la pasta y hacer lo mismo. Para servir, rallar por encima el resto del parmesano y aliñar cada plato con un poco de aceite de oliva extra virgen.

CALORÍAS	GRASAS	GRASAS SATURADAS	PROTEÍNAS	CARBOHIDRATOS	AZÚCAR	SAL	FIBRA
629 kcal	36,1 g	12,1 g	33 g	43,8 g	2,6 g	0,5 g	2,3 g

ARROZ Y
ÑOQUIS

RISOTTO BLANCO

LA MADRE DE TODOS LOS RISOTTOS CON MANTECA Y PARMESANO

Esta receta, tan sencilla como deliciosa, es también muy importante, porque se centra en el arte y el ritual de cocinar este meloso risotto con la consistencia exacta y elegante, y luego darle el toque final solo con manteca de calidad y parmesano recién rallado. Si se hace correctamente, es puro lujo en un plato.

PARA 4 PERSONAS | 45 MINUTOS

1,2 litros de caldo de verduras
   o de pollo de calidad

1 cebolla

2 ramas de apio

aceite de oliva

dos cucharadas de manteca

300 g de arroz arborio

150 ml de vino blanco pinot
   gris

60 g de parmesano

Calentar el caldo. Pelar la cebolla y el apio, picarlos finos y ponerlos en una cacerola grande de bordes altos a fuego medio con 1 cucharada de aceite y una cucharada de manteca (es importante que sea de bordes altos, pues así tiene más capacidad y evita que el caldo se evapore demasiado rápido, lo que le aportaría un sabor mucho más concentrado). Rehogar 10 minutos o hasta que la verdura se ablande, pero sin que tome color, removiendo de vez en cuando. Nacarar el arroz 2 minutos.

Verter el vino y remover hasta que se evapore. Añadir un cucharón de caldo y esperar a que el arroz lo absorba antes de añadir el siguiente, removiendo unos 10 segundos cada minuto. Repetir la operación agregando más cucharones de caldo hasta que el arroz esté hecho. Necesitará de 16 a 18 minutos. El arroz debe quedar suave y untuoso, pero es importante que mantenga su forma y esté al dente. En este punto, verter suficiente caldo o agua para darle una consistencia suelta. Agregar la cucharada de manteca restante, el parmesano rallado, mezclar, sazonar a gusto y apagar el fuego. Tapar la cacerola y dejar reposar 2 minutos para que el risotto tenga una consistencia cremosa. Mezclar de nuevo y servir enseguida en platos calientes.

CALORÍAS	GRASAS	GRASAS SATURADAS	PROTEÍNAS	CARBOHIDRATOS	AZÚCAR	SAL	FIBRA
524 kcal	18,9 g	8,2 g	18,4 g	68,2 g	3,7 g	0,6 g	2 g

RISOTTO DE SALCHICHA Y VINO TINTO

TOMILLO, HINOJO, CEBOLLA, FONTINA Y AVELLANAS

Usar un barolo de calidad, tan reconfortante como lujoso, para este hermoso risotto de color rubí añade una encantadora tonalidad rosada, además de unir audazmente el dulzor de la verdura con el sabor salado de la salchicha. Con parmesano, unos trocitos de fontina y crujientes avellanas, es un plato que no defraudará a nadie.

PARA 4 PERSONAS | 45 MINUTOS

1,2 litros de caldo de verduras
  o de pollo de calidad

40 g de avellanas enteras

1 cebolla morada

½ bulbo de hinojo

aceite de oliva

dos cucharadas de manteca

½ manojo de tomillo fresco
  (15 g)

2 salchichas grandes de calidad
  (125 g cada una)

300 g de arroz arborio

250 ml de vino tinto barolo

50 g de parmesano

50 g de queso fontina

aceite de oliva extra virgen

Calentar el caldo. Poner una cacerola grande de bordes altos a fuego medio y tostar las avellanas mientras se calienta. Pelar la cebolla, limpiar el hinojo y picarlo fino. Poner las avellanas en un mortero y dejar la cacerola en el fuego. Añadir 1 cucharada de aceite de oliva y una cucharada de manteca; luego las verduras picadas y las hojas de tomillo (reservar algunas hojitas para decorar). Quitar la piel de las salchichas y poner la carne en la cacerola, desmenuzándola con una cuchara de madera. Rehogar 10 minutos, removiendo de vez en cuando, y añadir el arroz para nacararlo. Al cabo de 2 minutos, verter el vino y remover hasta que se evapore.

Empezar a añadir el caldo, un cucharón por vez y esperar que el arroz lo absorba antes de añadir el siguiente y remover sin parar entre 16 a 18 minutos, o hasta que el arroz esté hecho, pero aún conserve su forma. Cuando esté listo, verter suficiente caldo o agua para darle una consistencia cremosa. Agregar la cucharada de manteca restante, casi todo el parmesano rallado fino, mezclar, probar y sazonar a gusto. Apagar el fuego, añadir la fontina en trocitos para que se derritan en el arroz. Tapar y dejar reposar fuera del fuego 2 minutos; mientras, machacar las avellanas. Servir el risotto en platos calientes, rallar por arriba el parmesano restante. Esparcir las avellanas, las hojitas de tomillo y aliñar con aceite de oliva extra virgen.

CALORÍAS	GRASAS	GRASAS SATURADAS	PROTEÍNAS	CARBOHIDRATOS	AZÚCAR	SAL	FIBRA
839 kcal	43,8 g	17,1 g	34,5 g	70,6 g	4,5 g	1,8 g	3,1 g

ARROZ NEGRO CREMOSO

PERAS ASADAS, TOMILLO Y CREMOSO GORGONZOLA

Puede que no parezca tradicionalmente italiano, pero créeme, los italianos están cultivando y cocinando el arroz negro y disfrutando de él tal como aquí te muestro. Lleva un poco más de tiempo cocinar este arroz a la perfección, pero necesita menos atención que un risotto normal y vale la pena. Aprendí esta receta de una nonna que había trabajado en los arrozales (cosechadora); es superreconfortante y una verdadera alegría.

PARA 4 PERSONAS | 1 HORA 30 MINUTOS

2 litros de caldo de verduras
   o de pollo de calidad

1 cebolla

2 ramas de apio

aceite de oliva

300 g de arroz negro

150 ml de vino tinto Barbera
   d'Asti

4 peras firmes

½ manojo de tomillo fresco
   (15 g)

una cucharada de manteca

50 g de parmesano

100 g de gorgonzola

aceite de oliva extra virgen

Precalentar el horno a 180 °C. Calentar el caldo. Pelar y picar finos la cebolla y el apio, y ponerlos en una cacerola grande a fuego medio con 1 cucharada de aceite de oliva. Rehogar 10 minutos o hasta que la verdura se ablande, pero sin que tome color, removiendo de vez en cuando.

Añadir el arroz y nacararlo 2 minutos. Verter el vino. Cuando se haya evaporado, agregar el caldo, tapar y cocer a fuego lento 1 hora o hasta que el arroz esté hecho, removiendo de vez en cuando y añadiendo más agua si fuera necesario. Mientras, pelar y quitar el corazón de las peras. En una fuente de horno, mezclarlas con un poco de aceite de oliva, una pizca de sal marina y las ramitas de tomillo. Asarlas 40 minutos o hasta que estén tiernas y doradas.

Para servir, mezclar la manteca con el arroz, rallar el parmesano y mezclar de nuevo. Probar y rectificar la sazón si fuera necesario. Disponer el arroz en una fuente. Agregar las peras asadas, trocitos de gorgonzola y un poco de aceite de oliva extra virgen.

CALORÍAS	GRASAS	GRASAS SATURADAS	PROTEÍNAS	CARBOHIDRATOS	AZÚCAR	SAL	FIBRA
488 kcal	23,6 g	11,3 g	26,6 g	35,2 g	18,6 g	1,6 g	7,1 g

NONNA ROSA

VALLE DEL PO | PIAMONTE

Nonna Rosa, como muchas otras de las personas increíblemente afables que conocí en los campos de arroz, fue en su juventud lo que se conoce como *mondina*, una trabajadora temporal de los arrozales del valle del río Po. Lo maravilloso es que todas las nonnas siguen reuniéndose para cocinar recetas tradicionales y enseñárselas a las generaciones más jóvenes, como Alice y Simone, que han dejado sus vidas en la ciudad para trasladarse al campo y dedicarse al cultivo del arroz. Las nonnas recuerdan los días en que cosechaban arroz cantando canciones populares antiguas. Cocinar con ellas fue un auténtico gozo, pues rebosan energía y buen humor, y su comida es deliciosa.

PANISSA

PANCETA AHUMADA, SALAMI, POROTOS COLORADOS, TOMATES Y VINO TINTO

La *panissa* es la prima anticuada, pero muy, muy sabrosa, del risotto. La diferencia entre ambos me la explicó Rosa, quien me dijo que, simplemente, en una panissa había más ingredientes, por lo que se considera una comida más completa que un risotto. Sabes que está lista cuando es lo suficientemente espesa para que la cuchara se mantenga en pie en el centro. ¡Cuánta sabiduría!

PARA 4 PERSONAS | 55 MINUTOS

50 g de panceta ahumada
  en un trozo

50 g de salami

2 cebollas

2 ramas de apio

1 litro de caldo de carne
  de calidad

1 manojo de romero fresco
  (30 g)

300 g de arroz arborio

250 ml de vino tinto Barbera
  d'Asti

400 g de tomates perita
  en conserva

400 g de porotos colorados
  en conserva

4 ramitas de perejil

Cortar la panceta y el salami en trozos de 1 cm y ponerlos en una cacerola a fuego medio-fuerte para que suelten la grasa. Remover de vez en cuando. Mientras, pelar las cebollas y el apio, y picarlos en trozos de 1 cm. Poner la verdura en la cacerola y rehogar 10 minutos o hasta que se ablanden, removiendo a menudo. En otra cacerola, calentar el caldo con el romero.

Añadir el arroz a las verduras y nacararlo 2 minutos, verter el vino y dejar que se evapore. Estrujar los tomates con las manos limpias, añadirlos y empezar a verter el caldo, un cucharón por vez, para esperar que el arroz lo absorba antes de añadir el siguiente. Vigilarlo y removerlo sin parar durante 20 minutos o hasta que el arroz esté hecho, pero aún conserve su forma. Escurrir los porotos y agregarlos a la cacerola con el último cucharón de caldo. Cuando la cuchara se mantenga en pie, la panissa estará lista. Probar y sazonar a gusto con pimienta negra. Esparcir las hojas de perejil picadas y servir.

CALORÍAS	GRASAS	GRASAS SATURADAS	PROTEÍNAS	CARBOHIDRATOS	AZÚCAR	SAL	FIBRA
545 kcal	11,3 g	3,9 g	22,4 g	82,6 g	9,4 g	1,4 g	8,5 g

NONNA LINDA

LOCOROTONDO | APULIA

Nonna Linda es toda una institución en su ciudad natal. Goza de una excelente reputación y nunca le falta trabajo para dar consejos culinarios a los restaurantes locales, así como para cuidar de su marido. Cocina desde los 15 años y ha estado casada durante 66. Su secreto: aprender a aguantar a un hombre. ¡Me encanta! Linda me dio un maravilloso consejo que todos deberíamos recordar más a menudo: «Si quieres divertirte, vive el día de hoy. No esperes a mañana».

TIELLA AL HORNO

MEJILLONES, ZUCCHINI, TOMATES CHERRY, VINO BLANCO Y PARMESANO

La maravillosa nonna Linda y yo nos reímos tanto al cocinar este plato que incluso lloramos, y para ser sincero, nunca había visto nada igual. Más que una receta, es un principio básico que se puede reducir o ampliar para ajustarlo a todos los presupuestos. Lo genial es que solo hay que preparar toda la verdura de modo que se cocine al mismo tiempo que el arroz, lo que significa que puedes incluir los diferentes productos de temporada, algo que Linda domina a la perfección, quitando y poniendo para que la receta se adapte a tus gustos.

PARA 8 PERSONAS | 1 HORA 30 MINUTOS

300 g de papas

1 cebolla

1 diente de ajo

2 ramas de apio

400 g de tomates cherry
   maduros

1 manojo de perejil (30 g)

60 g de parmesano

400 ml de prosecco

aceite de oliva extra virgen

500 g de arroz de grano largo

750 g de mejillones, limpios
   y sin barbas

1 zucchini

Precalentar el horno a 200 °C. Pelar las papas, cortarlas en cuartos longitudinalmente y luego, de forma irregular, cortar trozos del grosor de una moneda. Ponerlas en una cazuela de barro o una cacerola pequeña. Pelar la cebolla, el ajo y el apio, picarlos finos junto con los tomates y el perejil (también los tallos), y añadir a la cazuela. Rallar finamente la mitad del parmesano, verter el prosecco y 8 cucharadas de aceite. Añadir el arroz, sazonar con sal marina y pimienta negra, y mezclar todo muy bien.

Dar unos golpecitos a los mejillones abiertos y desechar los que no se cierren. Ahora hay dos opciones. Linda saca los mejillones crudos, lo cual es complicado, pero si se hace así, tendrá una increíble intensidad de sabor a mar. Con un cuchillo pequeño afilado, separar las dos conchas y extraer los mejillones crudos con sus jugos. La otra opción es, simplemente, poner los mejillones en una cacerola caliente, taparla y abrirlos al vapor unos 3 o 4 minutos. Cuando estén lo suficientemente fríos como para manipularlos, sacar las conchas (desechar los que no se abran). De cualquier manera, añadir los mejillones con sus jugos a la cazuela y tapar todo con una capa de zucchini en rodajas finas. Presionar un poco para que se integren todos los sabores y rallar por encima el parmesano restante. Cocer a fuego fuerte y, cuando empiece a burbujear, ponerlo en el horno 45 minutos o hasta que se dore. Dejar reposar 10 minutos y servir.

CALORÍAS	GRASAS	GRASAS SATURADAS	PROTEÍNAS	CARBOHIDRATOS	AZÚCAR	SAL	FIBRA
472 kcal	16 g	3,4 g	13,2 g	65 g	4,2 g	0,7 g	2,6 g

PASTEL DE ARROZ AL HORNO

CALABAZA ESPECIADA Y QUESOS CREMOSOS

Un pastel de arroz crujiente y horneado es una maravilla, en especial cuando está relleno de calabaza especiada y espléndidos quesos cremosos. Este plato puede servirse como antipasto o un aperitivo, pero también puede ser un almuerzo o una cena excelente. Acompáñalo con una ensalada de rúcula fresca y un buen vaso de vino. ¡Imposible que no guste!

PARA 8-10 PERSONAS | 1 HORA 30 MINUTOS, MÁS ENFRIADO

1 risotto blanco
  (véase pág. 148)

400 g de calabaza

2 dientes de ajo

1 ají picante rojo fresco

aceite de oliva

1 ramita de romero fresco

100 g de pan rallado fino

75 g de quesos cremosos, como
  fontina, parmesano,
  Cheddar

1 bola de mozzarella de 125 g

2 limones

Hacer el risotto blanco (véase pág. 148) la víspera del día que se necesite, pero sin verter el caldo al final de la cocción, solo añadiendo la manteca y el parmesano, para que el risotto tenga una consistencia firme. Dejar enfriar y reservar en la heladera toda la noche. Al día siguiente, sacar las semillas a la calabaza y cortarla en dados de 1 cm, pelar y picar el ajo, y cortar en finas láminas medio ají picante. Poner todo en una sartén grande a fuego medio con 2 cucharadas de aceite y la ramita de romero. Sazonar con sal marina y cocer 8 minutos o hasta que la calabaza esté tierna, removiendo a menudo. Agregar el risotto y mezclar.

Precalentar el horno a 200 °C. Estrujar un trozo de papel de horno, extenderlo y untarlo generosamente con aceite. Espolvorear con la mitad del pan rallado, poner el papel en una fuente de horno honda (20 × 30 cm), con el pan rallado hacia arriba. Extender dos terceras partes del risotto y desechar el romero. Aplanar el risotto cubriendo la base y las paredes para formar un recipiente para los quesos. Añadir los quesos en trozos, desmenuzar la mozzarella y cubrir con el risotto restante, alisando la superficie. Espolvorear el resto del pan rallado, hornear en la parte inferior del horno durante 1 hora o hasta que esté dorado y crujiente. Dejar reposar 10 minutos, tirar del papel para desmoldarlo y ponerlo sobre una tabla para cortarlo. Esparcir el otro medio ají picante picado fino y servir con gajos de limón, para exprimir por encima. Es un plato delicioso, cremoso, que se funde en la boca.

CALORÍAS	GRASAS	GRASAS SATURADAS	PROTEÍNAS	CARBOHIDRATOS	AZÚCAR	SAL	FIBRA
417 kcal	19,1 g	8,5 g	16,4 g	44,9 g	4,5 g	1 g	2 g

NONNA MERCEDES

GRESSONEY-ST-JEAN | VALLE DE AOSTA

La maravillosa nonna Mercedes es una de las pocas descendientes directas de los walsers, una comunidad de ascendencia suiza y raíces germánicas que eligió establecerse en Italia. Vive en lo alto de las montañas y sigue cocinando recetas tradicionales de los walsers, como el *chnéffléné*, unas bolitas de masa de sémola en forma de lágrima (que puedes ver en las páginas siguientes). Es una receta única y divertida, y he incluido aquí algunas salsas diferentes, así que, por favor, inténtalo.

LÁGRIMAS DE SÉMOLA

CHNÉFFLÉNÉ DE NONNA MERCEDES

~~~~~~

Cuando nonna Mercedes me enseñó esta receta, lo primero que pensé fue que era una forma inteligente de cocinar. Por sus ingredientes simples, realmente representa la cocina de supervivencia típica de la comunidad walser. Es delicada, deliciosa, barata y rápida de preparar, y ya se ha convertido en una de mis favoritas. Me recuerda a los ñoquis alpinos y se puede preparar como cualquier pasta. En esencia, es la masa que se deja caer goteando en agua hirviendo para cocer tiernas lágrimas listas para ser mezcladas con algo maravilloso.

PARA 4 PERSONAS | 45 MINUTOS, MÁS EL REPOSO

3 huevos grandes

300 ml de leche entera,
    y un poco más para aclarar
    la masa

200 g de harina tipo 00

200 g de sémola fina

1 nuez moscada para rallar

Batir los huevos con la leche en un bol grande. Incorporar la harina tipo 00 poco a poco, sin dejar de batir; añadir la sémola, una pizca de sal marina y pimienta negra, y un poco de nuez moscada. Aún es una masa espesa pero muy maleable. Dejarla reposar 30 minutos.

Llenar hasta la mitad una cacerola grande con agua salada y llevar a ebullición. En las montañas tienen un artilugio especial para pasar la masa, pero para hacerlo más fácil uso un colador normal metálico con agujeros de ½ cm, que hay que mojar con agua de la canilla antes de usarlo (esto evita que la pasta se pegue al colador. También recomiendo aclarar la masa con un poco de leche, si fuera necesario, justo antes de cocerla, para que pase fácilmente por los agujeros y caiga dentro del agua, donde inmediatamente se cuaja formando unas peculiares y preciosas gotas en forma de lágrima).

Trabajando deprisa, verter la mitad de la masa en el colador y, con la mano limpia o un batidor de metal, empujarla y hacerla girar para que pase por los agujeros del colador y caiga directamente en el agua. Las bolitas en forma de lágrima se cocerán en solo 2 o 3 minutos. Una vez hechas, escurrirlas y mezclarlas con la salsa elegida (véanse páginas 168 a 171), y cocer la segunda tanda.

CALORÍAS	GRASAS	GRASAS SATURADAS	PROTEÍNAS	CARBOHIDRATOS	AZÚCAR	SAL	FIBRA
453 kcal	9,1 g	3,3 g	20,1 g	75,9 g	4,1 g	0,8 g	2,3 g

FONDUTA DE NONNA MERCEDES

PARA 4 PERSONAS | 10 MINUTOS

Rallar **150 g de queso fontina** en un bol que pueda ir al fuego con un chorrito de **leche entera**. Separar la yema y la clara de **1 huevo grande**, añadiendo la yema al bol (guardar la clara para otra receta). Poner el bol en una cacerola con agua hirviendo, sin que la base del bol toque el agua. Dejar derretir el queso lentamente unos 4 o 5 minutos, hasta que esté sedoso, como una crema espesa. Batir a menudo, añadiendo más leche si fuera necesario. Sazonar bien con pimienta negra y un poco de **nuez moscada**. Mezclar con las **lágrimas** (véase pág. 166) y un chorrito del agua de cocción si fuera necesario.

CEBOLLA MORADA ASADA Y PANCETA

PARA 4 PERSONAS | 1 HORA 15 MINUTOS

En una bandeja, asar **4 cebollas moradas sin pelar** en el horno a temperatura máxima (240 °C) durante 1 hora o hasta que se chamusquen y queden blandas. Cortar **4 fetas de panceta** en trocitos de 1 cm y ponerlos en una sartén grande. Sofreír a fuego medio para que suelten la grasa. Añadir las cebollas peladas a la sartén cuando la panceta esté dorada. Agregar las hojas de **2 ramitas de romero fresco**. Remover y cocer 5 minutos. Mezclar con las **lágrimas** (véase pág. 166) y un chorrito del agua de cocción. Terminar con un poco de **aceite de oliva extra virgen** y **parmesano rallado.**

PESTO Y RICOTTA

PARA 4 PERSONAS | 10 MINUTOS

Esta receta es solo la base para otras muchas. Quiero mostrarte cuán maravillosamente versátil es esta delicada receta de bolitas de masa; puedes usar cualquiera de los pestos de la página 377 o el de repollo crespo de los ñoquis de polenta de la página 180. Calentar unos minutos **4 cucharadas del pesto elegido** en una sartén a fuego suave. Mezclar con las **lágrimas** (véase pág. 166) y un chorrito del agua de la cocción si fuera necesario. Rallar por arriba **ricota o un poco de pecorino**, y por último, añadir un chorrito de **aceite de oliva extra virgen**.

AJO Y HONGOS

PARA 4 PERSONAS | 20 MINUTOS

Pelar y picar finos **1 cebolla** y **2 dientes de ajo**, ponerlos en una sartén grande a fuego medio con **1 cucharada de aceite de oliva** y **1 cucharada de manteca**. Rehogar 5 minutos o hasta que estén blandos, removiendo a menudo. Añadir **300 g de hongos** en trozos y cocer otros 5 minutos sin dejar de remover. Mezclar con las **lágrimas** (véase pág. 166) y un chorrito del agua de la cocción. Rallar **40 g de parmesano** y mezclar sin quitar del fuego para emulsionar la salsa. Probar, sazonar a gusto y agregar un poco de **aceite de oliva extra virgen** y más parmesano rallado.

NONNA TERESA

CAMPO DE' FIORI | ROMA

Nonna Teresa ha estado al frente de la cocina de la trattoria familiar durante 47 años. Su familia abrió Settimio en 1932 ¡y es francamente difícil conseguir una mesa! Por suerte, mi amiga Eleonora me dio una mano para conocer a Teresa y a su esposo y disfrutar de su maravillosa comida. Tuvimos que ir un jueves, ya que es el único día que hace sus famosos ñoquis de papa, de acuerdo con la tradición romana de servir ciertos platos en días concretos. Puedes prepararlos tú mismo siguiendo paso a paso las recetas de las siguientes páginas.

ÑOQUIS DE PAPA

LIGERAS Y MULLIDAS ALMOHADAS

En Roma, nonna Teresa me enseñó este método, que no utiliza huevos. Para un restaurante, cuando la mezcla de ñoquis se hace con antelación, los huevos son útiles, pero si se cocinan recién hechos, no se necesitan. Teresa cree que cuanto más fresca sea la mezcla, más ligeros serán los ñoquis, y tiene razón. Con esta receta obtendrás muy buen resultado. Es un regalo increíble poder hacer buenos ñoquis en casa. Son de cocción rápida, muy baratos y totalmente reconstituyentes.

PARA 6-8 PERSONAS | 1 HORA 30 MINUTOS

1 kg de papas harinosas, como Maris Piper, King Edward

100 g de harina tipo 00, y un poco más para espolvorear

1 nuez moscada para rallar

Usar papas de tamaño bastante uniforme, ya que se cocinan enteras. Cocerlas en una cacerola grande con agua salada hirviendo de 20 a 25 minutos, o hasta que estén tiernas. Escurrir, dejar enfriar y pelarlas. Pasarlas por un pisapapa encima de una tabla grande. Espolvorear la harina por arriba, rallar media nuez moscada, sazonar bien con sal marina y pimienta negra, y amasar con las manos limpias. Según la variedad de papas, puede que haya que agregar un poco más de harina; usa el sentido común.

Amasar sobre una superficie enharinada unos minutos hasta que la masa esté flexible. Dividir en 4 trozos iguales y estirar cada uno formando un cilindro de unos 2 cm de grosor. Cortar en trozos de 3 cm: estos son los ñoquis básicos. Ahora se puede pasar cada trozo de masa por una tabla para ñoquis o marcarlo con el dorso de un tenedor o un rallador para formar ranuras que harán que la salsa se adhiera, o simplemente hacer bolas.

Nonna Teresa cuece 2 porciones de sus ñoquis por vez, ya que es muy rápido y es menos probable que se rompan. Cocer en una cacerola con agua salada hirviendo 2 o 3 minutos: cuando suben a la superficie, ya están listos. Retirarlos con una espumadera y mezclar con manteca derretida y parmesano rallado, mi salsa de tomate (véase pág. 372) o la salsa sobrante de un estofado (como el ragú de carne de la página 228, que se puede ver en la foto siguiente), rallar un poco de parmesano y servir.

CALORÍAS	GRASAS	GRASAS SATURADAS	PROTEÍNAS	CARBOHIDRATOS	AZÚCAR	SAL	FIBRA
181 kcal	0,6 g	0,1 g	5,7 g	40,1 g	1,3 g	0,4 g	2,7 g

ÑOQUIS DE SÉMOLA

AL ESTILO DE ROMA, CON PANCETA AHUMADA, TOMATES CON AJO Y TALEGGIO

Hacer este plato es muy divertido. En esencia, consiste en una masa de sémola espesa que se vierte sobre una superficie y se corta en discos que luego se cocinan sobre una salsa de tomate dulce. La panceta y el taleggio le añaden un extra de sabor.

PARA 4 PERSONAS | 50 MINUTOS, MÁS EL REPOSO

1 litro de leche
semidescremada

1 cucharada de manteca

1 nuez moscada para rallar

250 g de sémola fina

2 huevos grandes

50 g de parmesano y un poco
más para hornear

aceite de oliva

1 kg de tomates cherry
maduros

75 g de panceta ahumada
en un trozo

1 diente de ajo

1 pizca de ají picante rojo
en escamas

100 g de taleggio

Verter la leche en una cacerola a fuego medio y calentar. Añadir la manteca y una buena pizca de nuez moscada rallada. Sin dejar de batir, verter la sémola poco a poco hasta que espese. Apagar el fuego, agregar y batir las yemas de huevo (guardar las claras para otra receta), mezclar con el parmesano rallado, verter la preparación en una fuente de horno grande untada con aceite y extenderla en una capa uniforme. Refrigerar 1 hora o hasta que tenga una consistencia firme.

Mientras, precalentar el horno a 200 °C. Hacer un corte en la base de los tomates con un cuchillo, hervirlos en una cacerola con agua salada 40 segundos y escurrir. Cuando estén lo suficientemente fríos para manipularlos, pelarlos. Poner la panceta cortada fina en una cacerola poco profunda que pueda ir al horno. Rehogarla a fuego medio para que desprenda la grasa. Añadir el ajo pelado y picado fino, las escamas de ají picante y 2 cucharadas de aceite. Cuando empiece a dorarse, agregar los tomates y sazonar bien con sal marina y pimienta negra. Asarlos en el horno 15 minutos. Retirar.

Desmoldar la sémola sobre una tabla. Con un cortapastas redondo de 5 cm, cortar discos (hornea los restos con aceite y hierbas para darte un capricho). Disponer los discos encima de los tomates, esparcir trocitos de taleggio. Sazonar, hacer una fina capa de parmesano rallado y hornear de 20 a 25 minutos, o hasta que estén dorados. Si se desean más dorados, poner la cacerola a gratinar en el horno unos minutos antes de servir.

CALORÍAS	GRASAS	GRASAS SATURADAS	PROTEÍNAS	CARBOHIDRATOS	AZÚCAR	SAL	FIBRA
707 kcal	35,7 g	16,1 g	33 g	68,8 g	19,5 g	3,3 g	3,9 g

ÑOQUIS DE POLENTA

PESTO DE REPOLLO CRESPO Y PARMESANO

Estos ñoquis de polenta son una revelación y una receta que a Gennaro le encanta preparar. Puedes combinarlos con cualquier salsa, aunque con este pesto verde superrápido están deliciosos. Te encantarán su sabor y su atractiva forma.

PARA 6 PERSONAS | 45 MINUTOS, MÁS EL REPOSO

250 g de polenta gruesa

aceite de oliva

1 diente de ajo

200 g de repollo crespo o kale

50 g de parmesano, y un poco más para servir

30 g de piñones

aceite de oliva extra virgen prensado en frío

Cocer la polenta siguiendo las instrucciones del paquete, sazonarla generosamente. La polenta gruesa necesita unos 40 minutos, mientras que la fina puede estar lista en 10 minutos; se puede usar polenta instantánea, muy práctica, pero prefiero hacerla yo. Cuando se separa fácilmente de las paredes de la cacerola, ya está lista. Ponerla en una fuente de horno untada con aceite (20 × 30 cm), extenderla en una capa uniforme, dejar enfriar y refrigerar durante 1 o 2 horas, o hasta que esté firme. Desmoldarla sobre una tabla y cortarla en trocitos del tamaño de un bocado.

Para hacer el pesto, poner el ajo pelado en una cacerola grande con agua salada hirviendo. Añadir solo las hojas del repollo crespo, sin los tallos. Hervir 4 minutos, retirar el repollo y el ajo con una espumadera y ponerlos en una multiprocesadora, dejando el agua a fuego fuerte. Añadir a la multiprocesadora parmesano rallado, los piñones y 6 cucharadas de aceite de oliva extra virgen. Triturar hasta obtener un pesto fino. Sazonar a gusto, aclarándolo con agua si fuera necesario, y pasarlo a una sartén grande.

Echar la mitad de los ñoquis en la cacerola con el agua hirviendo y cocerlos 2 minutos. Pasarlos a la sartén con una espumadera. Repetir la operación con la otra mitad. Mezclar los ñoquis y el pesto sobre el fuego con un poco del agua de la cocción. Terminar con un chorrito de aceite de oliva extra virgen y más parmesano rallado para dar el toque final.

CALORÍAS	GRASAS	GRASAS SATURADAS	PROTEÍNAS	CARBOHIDRATOS	AZÚCAR	SAL	FIBRA
329 kcal	18 g	3,5 g	7,2 g	34 g	0,9 g	0,3 g	2,4 g

GNUDI

RICOTA, SALSA DE TOMATE Y FLORES DE BRÓCOLI

~~~~~~

Los delicados *gnudi*, que significa «desnudos», son básicamente raviolis sin la pasta. Para tener éxito, hay que buscar una ricota muy buena, pero lo cierto es que los resultados valen la pena: son la materialización de la cocina reconfortante. Incluso puedes gratinarlos, con lo que llevarás los gnudi a una nueva dimensión, o bien sírvelos simplemente con manteca de salvia y parmesano.

PARA 6-8 PERSONAS | 1 HORA 30 MINUTOS, MÁS ENFRIADO

1 kg de ricota de calidad

100 g de parmesano, y un poco más para servir

1 kg de sémola fina para espolvorear

salsa de tomate (véase pág. 372)

200 g de flores de brócoli o *cime di rapa* (grelos)

manteca

1 nuez moscada para rallar

Escurrir la ricota y ponerla en un bol con una pizca de sal marina y pimienta negra. Añadir el parmesano rallado. Batir, probar y rectificar la sazón. Cubrir una fuente grande con la sémola, formar bolas de 4 cm con la mezcla de ricota y rebozarlas con la sémola hasta que queden bien cubiertas. Saldrán unos 48 gnudi en total. Rebozarlos y cubrirlos bien con la sémola, dejarlos en la heladera por lo menos 8 horas y darlos vuelta a la mitad del proceso (sin tapar la fuente). El rebozado de sémola deshidratará la ricota, formando también una capa exterior.

Hacer la salsa de tomate (véase pág. 372) y mantenerla caliente. Limpiar el brócoli y cortar los tallos longitudinalmente para que queden más tiernos. Los gnudi solo tardan 3 minutos en cocerse y me gusta hacer 2 porciones cada vez para que no se peguen entre ellos. Sacudir el exceso de sémola de 2 porciones de gnudi y cocinarlos en agua salada hirviendo con 2 raciones de brócoli. Servir un poco de salsa de tomate en dos platos calientes. Poner los gnudi y el brócoli cocidos en un bol con una cucharada de manteca y nuez moscada rallada. Mezclar bien, añadirlos a la salsa y terminar con más parmesano rallado. Servir y repetir la misma operación para las otras 2 porciones.

O, para hacerlo más fácil si tienes una cena, verter la salsa en una fuente de horno, colocar encima los gnudi y el brócoli ya aliñados, rallar por encima el parmesano y gratinarlos hasta que estén burbujeantes y dorados.

CALORÍAS	GRASAS	GRASAS SATURADAS	PROTEÍNAS	CARBOHIDRATOS	AZÚCAR	SAL	FIBRA
569 kcal	31,8 g	17,4 g	30 g	43,8 g	10,4 g	1,2 g	3,8 g

CARNE

POLLO BASTARDO

AJO, LAUREL, AJÍES PICANTES Y VINAGRE

¡Bienvenido al pollo bastardo! Bueno, quizá pienses que la cantidad de ajo, laurel y ají picante es excesiva, pero como estos ingredientes se cocinan enteros, el sabor final es espléndido, pero maravillosamente suave, cálido y delicioso, y el vinagre se mezcla con todos ellos a la perfección. La verdad es que si no te apetece, no tienes que comer los ajíes picantes; pélalos, retira las semillas y guárdalos en aceite para usarlos otro día.

PARA 6 PERSONAS | 1 HORA 30 MINUTOS

1 pollo entero de 2 kg

aceite de oliva

20 dientes de ajo

20 hojas de laurel fresco

20 ajíes picantes frescos
   de distintos colores

100 ml de vinagre de vino
   tinto

opcional: 1 cucharada de
   miel líquida

Precalentar el horno a 180 °C. Poner una sartén grande que pueda ir al horno a fuego fuerte. Cortar el pollo (véase pág. 386) y poner los trozos en la sartén con la piel hacia abajo, con 2 cucharadas de aceite. Rehogar 15 minutos, dándolos vuelta a menudo hasta que los trozos queden uniformemente dorados.

Hacer un poco de sitio en la sartén, añadir los ajos enteros sin pelar, las hojas de laurel y los ajíes picantes pinchados. Sofreír 2 minutos mezclando bien, verter el vinagre, un chorro de agua y sazonar. Tapar con un papel de horno estrujado y hornear de 45 a 50 minutos, o hasta que esté cocido y dorado. A veces le echo un chorrito de miel al sacarlo del horno.

Repartir el pollo entre los platos. Pelar los ajíes picantes, retirar las semillas, picar la pulpa y poner la cantidad deseada con los jugos de la sartén. Exprimir la pulpa de los ajos en la sartén, remover y aliñar el pollo con esta mezcla. Queda delicioso con una sencilla ensalada y una rebanada de buen pan. A veces sirvo el pollo en una fuente, hiervo unos espaguetis y los mezclo con los jugos de la sartén para servirlos de acompañamiento; es otra deliciosa opción.

CALORÍAS	GRASAS	GRASAS SATURADAS	PROTEÍNAS	CARBOHIDRATOS	AZÚCAR	SAL	FIBRA
386 kcal	21,4 g	5,3 g	41,1 g	6,4 g	2,4 g	0,3 g	0,7 g

BIFE A LA FLORENTINA

PAPAS CRUJIENTES Y SALSA VERDE

~~~~~~

La bistecca alla fiorentina es el rey de todos los bifes italianos. En esencia, es un bife o un lomo con hueso grueso que normalmente se sirve muy crudo. Es delicioso, pero yo lo prefiero poco hecho. Creo que es importante cocer un bife grande, pues eso significa que puedes afinar mejor su cocción y darle más sabor y color por fuera, y dejar el interior más rosado y jugoso. Tradicionalmente, se cocina sobre brasas de carbón, pero para que sea más accesible en esta receta lo he adaptado para cocinar en una sartén. Con unas papas crujientes y una salsa verde para acompañarla, hará las delicias de cuatro afortunados comensales.

PARA 4 PERSONAS | 1 HORA 10 MINUTOS

1 kg de bife angosto con hueso de 5 cm de grosor

1 kg de papas moradas

1 cabeza de ajo

3 ramitas de romero fresco

SALSA VERDE

1 manojo de menta fresca (30 g)

1 manojo de perejil (30 g)

1 manojo de albahaca fresca (30 g)

2 cucharadas de alcaparras en salmuera

2 pepinillos

2 filetes de anchoa en aceite

2 cucharadas de vinagre de vino tinto

2 cucharaditas de mostaza de Dijon

aceite de oliva extra virgen

Dejar la carne a temperatura ambiente antes de cocerla. Lavar las papas y cortar en trozos de 3 cm. Hervirlas durante 8 minutos en una cacerola con agua salada con los dientes de ajo sin pelar. Mientras, recortar 1 cm de grasa del bife y reservar la carne. Picar los recortes de grasa, ponerlos en una sartén grande y dejar que se derritan a fuego medio-fuerte. Escurrir y añadir las papas y los ajos. Cocerlas 30 minutos o hasta que estén crujientes y doradas, remover de vez en cuando. Añadir las hojitas de romero los últimos 2 minutos, bajar el fuego al mínimo.

Mientras, poner una sartén antiadherente a fuego medio-fuerte y, con unas pinzas, sujetar el bife para mantener el borde graso de la carne en la sartén durante 6 minutos, para que la grasa quede dorada. Girarlo por el extremo del hueso y calentarlo otros 6 minutos. Cocer 6 minutos ambos lados del bife (u 8 minutos si se desea más hecho). Ponerlo sobre una tabla, tapar y dejar reposar; verter los jugos de la sartén sobre las papas.

Poner las hojas de menta, perejil y albahaca en una picadora, picarlas y añadir el resto de los ingredientes de la salsa con 8 cucharadas de aceite. Triturar hasta obtener la consistencia deseada, probar y sazonar a gusto. Me gusta cortar y sazonar la carne en la mesa, y servirla con las papas y la salsa verde. Sacar la pulpa de los ajos, desechar la piel y servir.

CALORÍAS	GRASAS	GRASAS SATURADAS	PROTEÍNAS	CARBOHIDRATOS	AZÚCAR	SAL	FIBRA
695 kcal	43,2 g	10,7 g	30,6 g	46,2 g	2,2 g	0,9 g	3,9 g

APIO RELLENO ESTOFADO

SALCHICHA, CARNE PICADA, PAN Y HIERBAS CON RAGÚ DE TOMATE CHERRY Y VINO

~~~~~~

Es muy gratificante adjudicar el papel protagonista de este plato al apio, una hortaliza a menudo olvidada y subestimada. Aquí, es el recipiente comestible más asombroso para el exquisito relleno a base de carne. Confía en mí, te va a encantar.

PARA 4-8 PERSONAS | 2 HORAS 20 MINUTOS

150 g de pan de masa madre

2 salchichas de calidad (150 g en total)

200 g de carne de ternera o cerdo picada

2 cucharaditas de orégano, tomillo o romero seco

1 nuez moscada para rallar

aceite de oliva

2 apios grandes

2 cebollas

4 dientes de ajo

150 ml de vino blanco Gavi di Gavi

400 g de tomates cherry en conserva

Precalentar el horno a 180 °C. Trocear el pan en un bol y cubrirlo con 400 ml de agua. Quitar la piel de las salchichas y poner la carne en un bol. Añadir la carne picada, las hierbas secas, una pizca de pimienta negra y media nuez moscada rallada. Agregar el pan bien escurrido con 2 cucharadas de aceite. Mezclar todo.

Reservar las hojas amarillas de los apios y cortar los extremos superiores para que queden dos apios de unos 20 cm de longitud. Lavarlos bien y retirar la base y las partes duras exteriores con un pelador de verduras. Sujetando con una mano el apio y manteniéndolo de una pieza, separar las ramas y rellenarlas con la mitad de la carne, empujándola hacia abajo entre las ramas y juntándola. Cuando esté compacto, atarlo con hilo de cocina. Hacer lo mismo con el segundo apio y la otra mitad de la carne picada. Ponerlos en una fuente de horno de bordes altos (25 × 30 cm). Tapar con papel de aluminio y asar durante 1 hora.

Mientras, pelar y cortar en finas láminas las cebollas y los ajos. Rehogarlos en una sartén grande antiadherente a fuego medio con 1 cucharada de aceite 5 minutos, removiendo a menudo. Verter el vino y dejar evaporar, añadir los tomates y el equivalente a dos tarros de agua. Cocer a fuego lento, remover de vez en cuando, hasta que el apio esté hecho. Verter la salsa en la fuente, hornear de nuevo sin tapar otros 40 minutos, y a media cocción, dar vuelta para que se cocine por ambos lados. Servir los apios cortados por la mitad o en cuartos longitudinalmente, cubiertos con la salsa y las hojas reservadas.

CALORÍAS	GRASAS	GRASAS SATURADAS	PROTEÍNAS	CARBOHIDRATOS	AZÚCAR	SAL	FIBRA
464 kcal	23,4 g	6,4 g	24,4 g	34,8 g	12,8 g	1,5 g	5,4 g

PALETA DE CERDO

ASADA Y TIERNA CON LAUREL, AJO, CEBOLLAS Y VINAGRE

~~~~~~

Cocinar este ilustre corte de cerdo debe reservarse para una gran ocasión, fiesta o banquete. Probablemente sea una de las cosas más fáciles de cocinar que jamás haya hecho; solo tendrás que comprar una maravillosa pieza de carne de cerdo de calidad en tu carnicería y dejar que el horno haga todo el trabajo duro. Este método, que he estado desarrollando durante muchos años, usa una temperatura alta al principio para crear una superficie crujiente, y luego cocina lentamente a una temperatura más baja para que la carne quede tan tierna que se derrita en la boca.

PARA 20 PERSONAS | 8 HORAS, MÁS EL REPOSO

6 cebollas rojas

2 cabezas de ajo

20 hojas de laurel fresco

1 paleta de cerdo con hueso
   (5–7 kg)

aceite de oliva

200 ml de vinagre de vino
   tinto

Precalentar el horno a la máxima temperatura (240 °C). Poner las cebollas y las cabezas de ajo enteras con el laurel en una fuente grande y honda. Con un cúter, marcar toda la piel a intervalos de 1 cm (o pedir al carnicero que lo haga). Regar la paleta con aceite y untarla bien, sazonar con sal marina y restregarla para que penetre. Ponerla en la fuente con la piel hacia arriba. Asarla de 40 minutos a 1 hora, o hasta que la piel esté crujiente.

Verter el vinagre alrededor del cerdo, bajar la temperatura del horno a 130 °C y cocer 7 horas. No acostumbro a regarla con los jugos de cocción, ya que la distribución natural de la grasa es perfecta, pero vale la pena añadir 250 ml de agua al cabo de 2 horas y vigilarlo cada hora para que la base no se seque ni se queme, y la carne se mantenga jugosa.

Terminada la cocción, la piel debe estar muy crujiente y la carne separarse fácilmente. Dejar reposar la paleta sobre una tabla. Verter toda la grasa de la fuente en un tarro y guardarla para cocinar. Poner la pulpa de las cebollas y los ajos sin pieles en la fuente y verter 400 ml de agua hirviendo para hacer un aderezo sencillo y sabroso, raspando los restos pegados en el fondo con una cuchara de madera.

Para servir, retirar la piel, trocear la carne con dos tenedores y verter el aderezo por arriba. Es fantástico como parte de una cena, en sándwiches o en un bufet. Las sobras pueden ser ideales para una pasta rellena.

CALORÍAS	GRASAS	GRASAS SATURADAS	PROTEÍNAS	CARBOHIDRATOS	AZÚCAR	SAL	FIBRA
381 kcal	28,1 g	8,8 g	26,8 g	5,1 g	3,1 g	0,3 g	1,1 g

NONNA ROSINA

DOLOMITAS LUCANOS | BASILICATA

En su día, nonna Rosina era pastora y todavía le gusta salir a caminar con las ovejas cuando su salud lo permite. Su hijo, Domenico, la ha relevado y es ya la quinta generación de la familia. Por desgracia, es uno de los cuatro pastores que quedan en la ladera de la montaña, donde solía haber cientos. La familia nunca puede dejar a sus ovejas desatendidas, ya que los lobos locales son depredadores habituales. Debido a su entorno, han ido puliendo su cocina de montaña hasta llevarla a la perfección. Disfrutamos de una hermosa *pastorale*, o guiso de cordero, con la familia, y me sentí inspirado para ofrecerte en su honor una receta clásica de pata de cordero rellena.

PATA DE CORDERO RELLENA

MENTA, ANCHOAS, PAN, AJO Y ALCAPARRAS

Esta es una manera maravillosa de saborear una pata de cordero y de disfrutar de ella. En las fotos verás que cociné dos al estilo antiguo sobre fuego y, por supuesto, puedes hacer lo mismo si tienes oportunidad, pero he escrito esta receta para asar en un horno estándar. Compra el cordero en tu carnicería y pide que lo deshuesen.

PARA 8-10 PERSONAS | 1 HORA 45 MINUTOS

150 g de pan casero duro

50 ml de prosecco

aceite de oliva

1 limón

4 dientes de ajo

1 ají picante rojo seco

1 manojo de menta fresca
   (30 g)

4 filetes de anchoa en aceite

1 cucharada de alcaparras
   pequeñas en salmuera

1 pata de cordero abierta
   por la mitad, deshuesada
   pero que mantenga el hueso
   grande de la pata (2,5 kg)

Precalentar el horno a 200 °C. Partir el pan en trozos de 2 cm, ponerlo en una multiprocesadora, añadir el prosecco, 1 cucharada de aceite y la ralladura y el jugo del limón. Sazonar generosamente con sal marina y pimienta negra, y dejarlo en remojo 10 minutos. Pelar los ajos y picarlos con el ají picante, y agregarlos a la multiprocesadora con las hojas de menta, las anchoas y las alcaparras. Triturar, probar y rectificar la sazón si fuera necesario.

Extender la pata de cordero sobre una tabla, con la piel hacia abajo. Restregarla con una pizca de sal y pimienta, extender el relleno en una capa uniforme. Enrollar la carne para encerrar el relleno, atarla a intervalos regulares con hilo abundante para que el relleno no se salga. Colocar la pata directamente sobre la rejilla del horno, con una bandeja debajo para recoger los jugos. Asarla 1 hora y 10 minutos, o hasta que esté dorada, pero todavía rosada en su interior (cocer 10 o 15 minutos más si se prefiere que el cordero esté bien hecho). Dejar reposar 5 minutos. Mientras, cocer a fuego medio todos los jugos de la bandeja con un poco de agua, raspando los restos pegados en el fondo. Cortar la pata y verter los jugos por arriba. Este cordero es ideal servido con papas asadas y verduras de estación. Me encanta también como relleno de un sándwich.

CALORÍAS	GRASAS	GRASAS SATURADAS	PROTEÍNAS	CARBOHIDRATOS	AZÚCAR	SAL	FIBRA
292 kcal	14,4 g	4,7 g	30,2 g	10 g	0,6 g	1,2 g	0,4 g

BROCHETAS DE POLLO

ENVUELTAS EN JAMÓN CON RELLENO DE SALSA VERDE, PAPAS Y TOMATES

Esta receta es muy divertida, pues cocinamos los muslos de pollo rellenos y envueltos en jamón ensartados en dos brochetas para que queden crujientes y sabrosos por fuera, y luego los cortamos para que quede al descubierto la tierna carne blanca. Las papas son la verdadera estrella, pues al cocerse van absorbiendo los jugos del pollo hasta adquirir una maravillosa densidad que se derretirá en la boca.

PARA 6 PERSONAS | 1 HORA 20 MINUTOS

60 g de almendras peladas

6 dientes de ajo

1 cucharada de aceto balsámico

1 cucharada de alcaparras pequeñas en salmuera

6 filetes de anchoa en aceite

1 manojo de perejil (30 g)

10 muslos de pollo deshuesados y sin piel

10 fetas de jamón

1,2 kg de papas

300 g de tomates cherry maduros

aceite de oliva

1 manojo de tomillo fresco (30 g)

aceite de oliva extra virgen

Precalentar el horno a 200 °C. Poner las almendras en una multiprocesadora y triturarlas. Añadir los ajos pelados, el aceto balsámico, las alcaparras, las anchoas con un poco de su aceite y las hojas de perejil. Triturar bien fino. Extender los muslos de pollo abiertos sobre una tabla, con el lado liso hacia abajo, y golpearlos con un palo de amasar para aplanarlos. Repartir el relleno entre los muslos y enrollarlos, envolviendo cada uno con una feta de jamón. Ensartar 5 muslos en dos brochetas metálicas largas y repetir con otras dos brochetas.

Pelar las papas, cortarlas en rodajas de 1 cm de grosor y hervirlas 6 minutos en una cacerola grande con agua salada. Hacer un corte en la base de los tomates con un cuchillo afilado y escaldarlos en el agua 40 segundos. Escurrir todo. Cuando estén lo suficientemente fríos como para manipularlos, pelar los tomates. Poner una capa de papas en una fuente de horno grande, sazonar con sal marina y pimienta negra, y aliñar con un poco de aceite de oliva. Esparcir los tomates. Colocar las brochetas encima para que todos los jugos caigan sobre las papas mientras se cocina. Asar durante 30 minutos. Sumergir el manojo de tomillo en aceite de oliva y usarlo como un pincel para mojar el pollo y las papas con los jugos de cocción. Esparcir el tomillo por arriba y poner de nuevo en el horno 10 minutos más. Hacer un corte entre las dos brochetas para separarlas. Aliñar con aceite de oliva extra virgen y servir. Si se prefieren las papas muy crujientes, hornearlas 10 minutos más al final.

CALORÍAS	GRASAS	GRASAS SATURADAS	PROTEÍNAS	CARBOHIDRATOS	AZÚCAR	SAL	FIBRA
479 kcal	20,3 g	4,2 g	37 g	39,5 g	4.2 g	1,9 g	3,5 g

SALCHICHA CON POROTOS Y VERDURA

CON AJO, CEBOLLA, ANCHOAS Y ROMERO

~~~~~~

Tres ingredientes extraordinarios cocinados con amor y precisión se transforman en un festín. Para esta receta resulta básico utilizar productos de gran calidad. A mí me gusta cocinarlos de una manera relajada, poco a poco, estofando las verduras, dándoles a las salchichas una textura crujiente y aliñando bien los porotos. Disfrutarlo con un vaso de Chianti es como estar en el paraíso.

PARA 4 PERSONAS | 30 MINUTOS

1 cebolla morada

4 dientes de ajo

2 filetes de anchoa en aceite

aceite de oliva

4 salchichas grandes de calidad
(125 g cada una)

4 ramitas de romero fresco

640 g de verduras de estación,
como *cime di rapa* (grelos),
brócolis, repollo crespo,
kale, achicoria

vinagre de vino tinto

700 g de porotos blancos
en conserva

aceite de oliva extra virgen

Poner la cebolla y los ajos, todo pelado y picado fino, en una sartén grande y honda a fuego medio con las anchoas y un chorrito de aceite de oliva. Rehogar hasta que empiece a dorarse, removiendo a menudo. Poner las salchichas en otra sartén donde quepan holgadamente con un poco de aceite a fuego medio-suave y cocerlas hasta que se doren, unos 20 minutos, dándolas vuelta de vez en cuando. Cuando falten 5 minutos, añadir las hojas de romero para que queden crujientes.

Mientras, lavar las verduras, retirar las partes leñosas y cortar por la mitad longitudinalmente los tallos gruesos del brócoli para que queden más tiernos. Ponerlas en la sartén con la cebolla (en tandas, si fuera necesario). Verter un chorrito de agua, tapar y estofar 10 o 15 minutos, o hasta que estén tiernas. Probar y sazonar a gusto con sal marina, pimienta negra y, aproximadamente, 1 cucharada de vinagre.

Reservar las salchichas en una fuente caliente. Verter los porotos en la sartén vacía (con su jugo), encender el fuego, levantar el hervor y sazonar a gusto con sal, pimienta, un poco de vinagre y un chorro de buen aceite de oliva extra virgen. Repartir los porotos entre los platos, disponer las salchichas al lado y terminar con las verduras estofadas.

CALORÍAS	GRASAS	GRASAS SATURADAS	PROTEÍNAS	CARBOHIDRATOS	AZÚCAR	SAL	FIBRA
574 kcal	36,1 g	11,9 g	38,1 g	21,1 g	6,2 g	2,4 g	11,7 g

POLLO AL LADRILLO

ASADO CON SALSA PICANTE

Cocinar carnes colocando un ladrillo encima (*al mattone*) acelera el proceso de cocción. Aquí hemos precalentado los ladrillos para que el pollo se cocine por ambos lados. Además, al aplastar el pollo, este se ablanda, y se crea una mayor superficie para que la piel adquiera una maravillosa textura crujiente; en una palabra: genial. Este pollo se cocina sin añadirle nada y luego se sumerge completamente en la salsa para que absorba sus increíbles sabores. Si te sobra salsa, guárdala y utilízala en otros platos.

PARA 6 PERSONAS | 1 HORA 30 MINUTOS

1 cebolla morada

3 dientes de ajo

3 ajíes picantes rojos frescos

1 cucharada de semillas de hinojo

1 manojo de menta fresca (30 g)

1 manojo de perejil (30 g)

300 ml de aceite de oliva extra virgen

100 ml de vinagre de vino tinto

1 pollo entero de 2 kg

aceite de oliva

Precalentar el horno a temperatura máxima (240 °C). Tomar dos ladrillos, lavarlos bien, cubrirlos completamente con una triple capa de papel de aluminio. Ponerlos en el horno en una fuente grande o una bandeja de horno para que se calienten.

Mientras, para hacer la salsa, pelar la cebolla y los ajos, picar todo fino con los ajíes picantes y ponerlo en un bol con las semillas de hinojo. Picar finas las hojas de menta y perejil, con los tallos tiernos, y añadirlo al bol con el aceite de oliva extra virgen y el vinagre. Sazonar con 1 cucharadita de sal marina y otra de pimienta negra, y mezclar bien.

Con un cuchillo largo y afilado, cortar el pollo por la mitad longitudinalmente. Hacer unos cortes en los muslos y contramuslos a intervalos de 3 cm y untar todo con un poco de aceite de oliva. Retirar del horno la bandeja con los ladrillos, disponer el pollo en la bandeja con la piel hacia abajo. Poner un ladrillo caliente encima de cada mitad de pollo, presionarlos y cocer en el horno 45 minutos o hasta que el pollo esté hecho y dorado. Retirar los ladrillos y verter la salsa por arriba del pollo en la bandeja, cubriéndolo bien. Dejar reposar 10 minutos, sacar el pollo de la salsa, ponerlo en una fuente y servir. Se puede guardar la salsa sobrante en la heladera hasta 3 días o congelarla; es deliciosa con cualquier carne, pescado o verdura.

CALORÍAS	GRASAS	GRASAS SATURADAS	PROTEÍNAS	CARBOHIDRATOS	AZÚCAR	SAL	FIBRA
458 kcal	36,2 g	7 g	31,4 g	1,5 g	1 g	0,6 g	0,3 g

JAMÓN ITALIANO, HUEVO Y CHIPS

PANELLE DE GARBANZOS Y CERDO ASADO CON ROMERO

Este plato es muy divertido, y las *panelle* fritas en sartén, crujientes por fuera y blandas por dentro, son, simplemente, deliciosas. Lo habitual es servirlas como antipasto con carnes curadas, queso y encurtidos, o acompañando las bebidas del aperitivo, pero aquí he optado por disfrutarlas como parte de uno de los platos favoritos de mi infancia: jamón, huevo y papas fritas.

PARA 8 PERSONAS | 1 HORA 40 MINUTOS

aceite de oliva

450 g de harina de garbanzo

1 kg de lomo de cerdo
    deshuesado y sin piel

1 manojo de romero fresco
    (30 g)

4 cucharadas de vinagre
    de vino blanco

8 huevos grandes

Untar una fuente de horno (25 × 35 cm) con aceite. Verter 1,6 litros de agua en una cacerola grande. Añadir la harina de garbanzo batiendo constantemente, poner la cacerola a fuego fuerte y llevar a ebullición sin dejar de batir la mezcla hasta que espese; tardará unos 8 minutos. Sazonar a gusto con sal marina y pimienta negra. Luego, antes de que la masa se cuaje, verterla en la fuente untada con aceite y extenderla en una capa uniforme. Dejar enfriar un poco y ponerla en la heladera 1 hora o hasta que esté firme.

Mientras, precalentar el horno a 180 °C. Hacer unos cortes entrecruzados en la grasa del cerdo, untarlo con un poco de aceite y disponerlo en una cacerola donde quepa holgadamente a fuego fuerte. Marcarlo durante 8 minutos, girándolo con unas pinzas hasta que esté uniformemente dorado. Añadir el manojo de romero, sazonar el cerdo con sal y pimienta, y asarlo 40 minutos o hasta que esté tierno. Retirar del horno y verter el vinagre, moviendo el cerdo hasta que el vinagre chisporrotee. Tapar y dejar reposar.

Desmoldar la masa de garbanzo en una tabla untada con aceite y cortar en tres tiras largas longitudinalmente, y luego, a lo ancho en trozos de 2 cm. Mezclar las *panelle* con aceite, ponerlas en dos fuentes de horno en una sola capa y asar durante 45 minutos o hasta que estén crujientes, dándoles la vuelta a media cocción. Justo antes de que estén hechas, cortar el cerdo en fetas finas y mezclarlo con sus jugos de cocción. Freír los huevos. Servir el cerdo, las *panelle* y los huevos fritos, regar con los jugos y ¡a comer!

CALORÍAS	GRASAS	GRASAS SATURADAS	PROTEÍNAS	CARBOHIDRATOS	AZÚCAR	SAL	FIBRA
676 kcal	45,9 g	13,8 g	39,5 g	28,4 g	1,5 g	0,6 g	6 g

ESTOFADO DE CONEJO

MORRONES, PANCETA AHUMADA, AJO, VINO Y ROMERO

Es un placer cocinar este plato verdaderamente espectacular. Encárgale un conejo, de bosque o de granja, a tu carnicero y pídele que lo trocee. No tires los menudos, pues le darán a este plato su sabor tradicional. También hago esta receta con faisán, perdiz o pollo, o incluso una mezcla de ellos; en todos los casos, los resultados son exquisitos.

PARA 4 PERSONAS | 1 HORA 15 MINUTOS

50 g de panceta ahumada
   en un trozo

1 conejo troceado (1,2 kg),
   con las menudos

aceite de oliva

75 g de manteca

2 morrones rojos

2 morrones amarillos

1 cabeza de ajo

½ manojo de romero fresco
   (15 g)

2 filetes de anchoa en aceite

300 ml de vino blanco Soave

vinagre de vino blanco

Precalentar el horno a 190 °C. Cortar la panceta en tiras de 2 cm. Sazonar el conejo y los menudencias generosamente con sal marina y pimienta negra, aliñar con 1 cucharada de aceite y remover para que quede untado.

Derretir 50 g de manteca a fuego medio en una cacerola grande de fondo grueso que pueda ir al horno. Añadir el conejo, excepto los menudos, y rehogar 5 minutos o hasta que se dore, girándolo de vez en cuando. Quitar las semillas de los morrones y cortarlos en trozos. Cuando el conejo esté dorado, desechar la manteca usada de la cacerola y añadir la manteca restante. Rehogar la panceta y los menudos (le aportan un sabor profundo y exquisito, pero si los menudos no son lo tuyo, simplemente pícalos bien pequeños; así conservarás su sabor pero ni siquiera notarás que están). Separar los dientes de ajo, echarlos a la cacerola enteros, sin pelar, con las ramitas de romero y las anchoas. Remover hasta que tome color y añadir los morrones. Verter el vino y dejar reducir a la mitad.

Tapar el conejo con un papel de horno estrujado, hornearlo 40 minutos y rociar con sus jugos a media cocción. Sacar el papel, verter un chorrito de vinagre para compensar el dulzor y cocer otros 10 minutos o hasta que la carne esté tierna. Queda delicioso acompañado con arroz, trozos de pan, una simple ensalada o daditos de papas salteadas.

CALORÍAS	GRASAS	GRASAS SATURADAS	PROTEÍNAS	CARBOHIDRATOS	AZÚCAR	SAL	FIBRA
564 kcal	33,2 g	15,6 g	44,4 g	10,2 g	7,6 g	1,5 g	4 g

NONNA ELENA

PITIGLIANO | TOSCANA

Qué mujer tan dulce e inspiradora es nonna Elena. Es la última nonna judía de Pitigliano, una ciudad conocida tiempo atrás como «la pequeña Jerusalén» debido a la comunidad judía instalada en ella. Elena ha vivido muchos sucesos históricos, entre otros la Segunda Guerra Mundial, a la que sobrevivió escondiéndose en unas cuevas cercanas a la ciudad para evitar la persecución. Esta receta es una de las preferidas de su familia desde siempre. En la actualidad, Elena se encuentra demasiado cansada para seguir cocinando, de modo que su deseo fue que yo la relevara y te la transmitiera a ti. Y así lo he hecho: encontrarás alcauciles a la judía en las páginas siguientes.

ALCAUCILES A LA JUDÍA

RELLENAS CON CARNE Y HIERBAS, FRITAS Y ESTOFADAS EN SALSA DE TOMATE

Tengo mucho interés en mantener viva esta receta de nonna Elena, la última nonna judía de Pitigliano. Puede disfrutarse como antipasto o como segundo, o incluso puede servirse con pasta. Me he mantenido fiel al método que ella quiso compartir conmigo, incluyendo una interesante y sencilla salsa de tomate: ¡hierves los tomates y los añades a las verduras crudas para que se cocine todo a la vez!

PARA 4-8 PERSONAS | 2 HORAS 30 MINUTOS

800 g de tomates perita
en conserva

1 cebolla

1 diente de ajo

1 rama de apio

½ manojo de albahaca
fresca (15 g)

½ manojo de perejil (15 g)

6 alcauciles morados italianos

2 limones para los alcauciles

200 g de harina

4 huevos grandes

400 g de carne magra de
ternera picada

una pizca de ají picante rojo
en escamas

aceite vegetal para freír

Poner una cacerola, donde quepan holgadamente los alcauciles, a fuego medio-fuerte. Estrujar dentro los tomates con las manos limpias y verter el equivalente a 2 latas de los tomates de agua. Pelar y picar finamente la cebolla, el ajo y el apio. Picar finas la mitad de hojas de albahaca y la mitad del perejil (con los tallos). Añadir todo a la cacerola, cocer a fuego lento 30 minutos hasta que la salsa espese y se reduzca, probar y sazonar a gusto.

Mientras, preparar los alcauciles (véase pág. 382), cortarlas en cuartos longitudinalmente y echar los trozos en agua con los 2 limones. Poner la harina en un bol y batir 2 huevos en otro. En un cuenco, mezclar la carne picada, las escamas de ají picante y una buena pizca de sal marina con los 2 huevos restantes. Picar el resto de las hojas de albahaca y de perejil, añadirlas al cuenco, mezclar bien y dividir la preparación en ocho partes. Tomar una de las partes, presionarlo alrededor de 3 cuartos de alcaucil, juntando la carne y los trozos de alcaucil y dándole su forma original. Rebozarlos con harina, pasarlos por huevo batido, escurriendo el exceso, y reservarlos en una fuente. Repetir la operación hasta obtener 8 alcauciles recompuestas.

Verter 5 cm de aceite vegetal en una cacerola grande de bordes altos y fondo grueso, y calentarlo a fuego fuerte. Cuando esté a 160 °C, sumergir las 8 alcauciles llenando toda la cacerola. Freír 10 minutos o hasta que se doren, retirarlos con una espumadera y añadirlos a la salsa. Reducir el fuego a medio-suave, cocer 10 minutos, dándolos vuelta a media cocción, y servir.

CALORÍAS	GRASAS	GRASAS SATURADAS	PROTEÍNAS	CARBOHIDRATOS	AZÚCAR	SAL	FIBRA
686 kcal	37,7 g	8,5 g	38,9 g	53 g	12,4 g	1 g	4,1 g

RAGÚ DE JABALÍ

CON GREMOLATA DE PEREJIL, AJO Y LIMÓN

Este es un homenaje al estilo culinario de nonna Miriam, que deja que el tiempo y el calor hagan todo el trabajo, que cocina despacio a fuego lento, de modo que el sabor adquiere una increíble profundidad y la carne queda muy tierna. Puedes completar o variar la base con otras verduras de estación.

PARA 10-12 PERSONAS | 5 HORAS, MÁS 1 NOCHE DE ADOBO

3 kg de paleta de jabalí, cerdo
   o cordero, con hueso, sin piel

4 cucharadas de bayas
   de enebro

4 hojas de laurel fresco

4 cucharadas de vinagre
   de vino

aceite de oliva

2 bulbos de hinojo

4 cebollas moradas

4 zanahorias

750 ml de vino tinto Chianti

100 g de puré de tomate

1 manojo de romero fresco
   (30 g)

GREMOLATA

1 manojo de perejil (30 g)

1 diente de ajo

1 limón

La noche anterior, poner el jabalí en adobo en una fuente grande. Machacar las bayas de enebro en un mortero y cubrir toda la carne junto con el laurel, el vinagre y 4 cucharadas de aceite. Tapar y refrigerar.

Al día siguiente, poner una cacerola grande a fuego medio-fuerte. Añadir el hinojo limpio y picado (reservar las hojas en un bol con agua fría), con 2 cucharadas de aceite. Agregar las cebollas y las zanahorias peladas y picadas con una pizca de sal marina, rehogar de 15 a 20 minutos, o hasta que estén tiernas y doradas, removiendo de vez en cuando.

Mientras, escurrir el exceso de adobo de la carne y marcarla en una sartén grande a fuego fuerte, girándola con unas pinzas hasta que se dore uniformemente. Disponer la carne en la cacerola con las verduras, verter el vino tinto, el puré de tomate, otra pizca de sal y cubrir todo con agua. Añadir el manojo de romero atado. Llevar a ebullición, tapar y cocer de 4 a 5 horas, o hasta que esté tierno, girando la carne y removiendo de vez en cuando. Apartar la carne, retirar los huesos y los nervios, ponerla de nuevo con la salsa y desleírla con agua para obtener la consistencia deseada.

Para la gremolata, picar las hojas de perejil con las de hinojo reservadas, escurridas. Prensar el ajo, añadir la ralladura fina de limón, picar todo de nuevo hasta que esté fino. Esparcir por encima del ragú caliente y servir enseguida con polenta cremosa (véase pág. 368), puré de papa, pan crujiente o pasta.

CALORÍAS	GRASAS	GRASAS SATURADAS	PROTEÍNAS	CARBOHIDRATOS	AZÚCAR	SAL	FIBRA
523 kcal	29,7 g	8,5 g	38 g	12,9 g	9,4 g	0,8 g	4 g

NONNA MIRIAM

PANZANO | TOSCANA

Nonna Miriam me recordó el don de la moderación y la paciencia a la hora de cocinar. Me animó a olvidar las técnicas de cocinero profesional que he aprendido a lo largo de los años y a seguir mis instintos y tratar los ingredientes como me pareciera correcto en cada ocasión. Miriam cree que el ritmo de vida moderno es demasiado rápido y que, con los congelados y alimentos precocinados al alcance de la mano, lleva a la gente a creer que no tiene tiempo para cocinar. Miriam quiere que disfrutemos y transmitamos métodos, recetas y conocimientos tradicionales, para que los sabores antiguos y las combinaciones clásicas no se pierdan para siempre. Pasa la página para ver su receta de Stracotto.

STRACOTTO

RAGÚ DE TERNERA A FUEGO LENTO

Uno de los platos preferidos de las familias toscanas: imagina la emoción que transmite la boloñesa a escala familiar, pero con un nuevo nivel de confort. Está inspirado en nonna Miriam, de la localidad de Panzano. Con este sencillo proceso de cocción se consigue lo que ella denomina un «plato potente», que comparó con el momento en que sabes que tienes una mano ganadora en el póquer. Para servir, es tradicional disfrutar de esta rica salsa con tallarines recién cocidos como primer plato y servir el resto de la salsa con la carne como segundo, acompañada de verduras al vapor, una cremosa polenta, puré de patata, ¡o lo que te apetezca!

PARA 8 PERSONAS | 4 HORAS

1 kg de bife de aguja
  de ternera en un trozo,
  sin nervios

aceite de oliva

2 cebollas moradas

2 zanahorias

2 dientes de ajo

2 ramas de apio

1 bulbo de hinojo

½ manojo de romero fresco
  (15 g)

½ manojo de salvia fresca (15 g)

250 ml de vino tinto Chianti

2 cucharadas de puré
  de tomate

1,5 litros de caldo de verduras
  o de carne de calidad

Poner la carne en una cacerola holgada a fuego medio-suave con 2 cucharadas de aceite y darla vuelta con unas pinzas. Pelar las cebollas, las zanahorias y los ajos, limpiar el apio y el hinojo, y picar todo para hacer el sofrito; no hace falta picarlo muy pequeño, ya que se cocina muy lentamente. Poner todo en la cacerola, con el romero y la salvia atados juntos, y sazonar con sal marina y pimienta negra. Cocer de 20 a 30 minutos, o hasta que empiece a caramelizarse, removiendo las verduras y girando la carne de vez en cuando.

Subir el fuego, verter el vino, añadir el puré de tomate y dejar evaporar el vino. Verter el caldo, llevar a ebullición y tapar con una doble capa de papel de horno estrujado. Reducir el fuego y cocer lentamente unas 3 horas o hasta que la carne esté tierna y melosa, dándola vuelta y regándola con los jugos de cocción de vez en cuando. Sazonar a gusto.

Poner la carne sobre una tabla, cortarla en fetas finas y regarla con una parte de la salsa para que quede bien jugosa. Mezclar el resto de la salsa (reducirla en el fuego si fuera necesario) con tallarines frescos y un poco de parmesano rallado por arriba. Doblemente delicioso.

CALORÍAS	GRASAS	GRASAS SATURADAS	PROTEÍNAS	CARBOHIDRATOS	AZÚCAR	SAL	FIBRA
360 kcal	20,6 g	7,2 g	30,6 g	8 g	6,2 g	0,7 g	2,6 g

MORRONES RELLENOS

Estos morrones rellenos son una absoluta delicia. Empezar cocinando los morrones solos significa invertir tiempo en su sabor natural, lo que proporciona la base perfecta para que todos esos maravillosos rellenos creen una armonía. Vale la pena buscar *'nduja,* un embutido especiado calabrés realmente delicioso que aporta un extra de sabor.

PARA 4 PERSONAS | 1 HORA 10 MINUTOS

2 morrones rojos grandes
o 3 medianos

aceite de oliva

250 g de paleta de cerdo
picada

1 cucharada de semillas
de hinojo

20 g de 'nduja (embutido muy
picante de Calabria)

50 g de miga de pan duro
de masa madre

aceite de oliva extra virgen

1 limón

4 ramitas de orégano fresco

½ cucharadita de ají picante
rojo en escamas

250 g de ricota de calidad

Precalentar el horno a 180 °C. Cortar los morrones por la mitad longitudinalmente y retirar las semillas. Ponerlos con el corte hacia arriba, en una cacerola que pueda ir al horno o una fuente donde quepan holgadamente. Aliñar con 1 cucharada de aceite de oliva, sazonar con sal marina y pimienta negra, y untarlos bien. Asarlos 30 minutos.

Mientras, con las manos limpias, mezclar bien la carne picada con las semillas de hinojo y una pizca de pimienta. Desmenuzar la 'nduja, añadir la miga de pan y mezclar todo con la carne. Verter 2 cucharadas de aceite de oliva extra virgen en un bol. Agregar la ralladura y el jugo de limón, las hojas de orégano y las escamas de ají picante, sazonar, y mezclar.

Cuando los morrones estén hechos, rellenarlos con la mezcla de carne picada y desmenuzar la ricota por arriba. Ponerlos de nuevo en el horno otros 30 minutos o hasta que estén dorados. Cuando falten 5 minutos para terminar la cocción, verter todo el contenido del bol con el orégano. Resultan deliciosos servidos con una ensalada de estación fresca y crujiente.

CALORÍAS	GRASAS	GRASAS SATURADAS	PROTEÍNAS	CARBOHIDRATOS	AZÚCAR	SAL	FIBRA
334 kcal	25 g	7,7 g	17,4 g	11 g	4,5 g	1,5 g	2,2 g

RAGÚ DE CARRILLERAS DE TERNERA

BAROLO, TOMATES, CANELA Y CLAVO

Las carrilleras de ternera, cuando se cocinan despacio, son una de las partes más deliciosas de todo el animal. Esta receta se inspira en nonna Miriam y su obsesión por cocer lentamente y conseguir que los cortes de carne más duros y baratos sean los grandes protagonistas. Servida con puré de papa, un pan crujiente o una cremosa polenta, o incluso con pasta recién cocida, causará sensación.

PARA 10 PERSONAS | 4 HORAS 50 MINUTOS

20 g hongos porcini
 (*Boletus edulis*) secos

5 carrilleras de ternera, pulidas

aceite de oliva

150 g de panceta ahumada
 en un trozo

½ corazón de apio

2 cebollas moradas

2 zanahorias

5 clavos de olor

8 dientes de ajo

½ rama de canela

1 manojo de hierbas
 aromáticas (30 g), como
 salvia, laurel, romero,
 tomillo, albahaca, perejil

500 ml de vino tinto barolo

680 g de puré de tomate
 en conserva

Precalentar el horno a 160 °C. Cubrir los hongos con agua hirviendo para rehidratarlos. Sazonar las carrilleras con sal marina y pimienta negra, y dorarlas en una cacerola grande a fuego fuerte con un poco de aceite, girándolas hasta que se doren uniformemente. Mientras, cortar la panceta en tiras. Pelar el apio, las cebollas y las zanahorias, y picarlo en dados de 1 cm. Machacar los clavos de olor con 1 cucharadita de sal y otra de pimienta en un mortero, añadir y aplastar los ajos pelados.

Cuando estén doradas, apartar las carrilleras a un lado de la cacerola y reducir a fuego medio. Añadir la panceta y la canela, y remover hasta que se dore ligeramente. Escurrir los hongos, reservando el agua, trocearlos y agregar a la cacerola con las verduras. Atar las hierbas aromáticas juntas, incorporarlas junto con los ajos machacados. Rehogar 15 minutos o hasta que la verdura esté tierna, removiendo de vez en cuando.

Verter el vino, reducir a la mitad, agregar el agua reservada de los hongos (colándola para que no caiga tierra) y el puré de tomate. Llenar la lata de puré de tomate con agua y añadirla a la cacerola. Cubrir con un papel de horno estrujado y una tapa. Hornear durante 4 horas o hasta que la carne esté tierna y la salsa haya espesado. Probar la salsa y sazonar, si fuera necesario; servir con el acompañamiento que desees.

CALORÍAS	GRASAS	GRASAS SATURADAS	PROTEÍNAS	CARBOHIDRATOS	AZÚCAR	SAL	FIBRA
359 kcal	12,6 g	4,8 g	19,6 g	16,4 g	11,6 g	2,2 g	3 g

POLLO DE SALINA

PERFUMADO CON BERENJENAS Y TOMATES CON ALCAPARRAS

Nonna Marina me inspiró para incluir la maravillosa variedad de hierbas aromáticas que crece en su jardín y así trasladar los sabores de la isla de Salina a este plato, perfecto para cualquier celebración. Un suntuoso y reconfortante pollo que se derrite en la boca acompañado de unas deliciosas y cremosas berenjenas ligeramente picantes. Con un vaso de vino blanco frío, es pura maravilla.

PARA 6 PERSONAS | 2 HORAS

3 berenjenas (750 g)

1 pollo de 1,4 kg

aceite de oliva

2 dientes de ajo

3 ajíes picantes rojos, frescos, pequeños

1 rama de canela

4 ramitas de hierbas, como romero, tomillo, laurel

50 g de alcaparras pequeñas en salmuera

2 cebollas moradas

200 g de tomates cherry

50 g de piñones

2 limones

4 ramitas de albahaca fresca

Quitar los extremos de las berenjenas, cortarlas en trozos o cuñas de unos 5 cm, ponerlas en un bol grande y sazonar generosamente con sal marina. Reservar.

Cortar el pollo (véase pág. 386). Untar todos los trozos con aceite, ponerlos en una cacerola grande poco honda a fuego medio-fuerte, con la piel hacia abajo, dorarlos uniformemente y pasarlos a una fuente. Limpiar la sal de las berenjenas y añadirlas a la cacerola, girándolas hasta que se doren. Ponerlas en la fuente con el pollo y reducir el fuego al mínimo. Pelar y cortar en láminas los ajos, añadirlos a la cacerola con los ajíes pinchados, la canela, las hierbas y las alcaparras. Rehogar un par de minutos removiendo, incorporar las cebollas peladas y en láminas finas. Cocer 15 minutos o hasta que empiecen a caramelizarse, removiendo de vez en cuando.

Precalentar el horno a 180 °C. Apretar los tomates sumergidos en un bol con agua para eliminar las semillas, un excelente truco de la nonna para evitar que te salpiquen, trocearlos y añadirlos a la cacerola. Incorporar de nuevo el pollo y las berenjenas, con todos los jugos que hayan soltado, y verter 600 ml de agua. Esparcir los piñones y regar con el jugo de limón. Cocer en la parte inferior del horno 45 minutos o hasta que el pollo esté dorado. Decorar con las hojas de albahaca y servir con un gran bol de cuscús con limón.

CALORÍAS	GRASAS	GRASAS SATURADAS	PROTEÍNAS	CARBOHIDRATOS	AZÚCAR	SAL	FIBRA
299 kcal	18,2 g	3,7 g	26,2 g	8,3 g	6,8 g	1 g	1 g

KEBABS DE CORDERO

PAN, ADOBO DE AJO Y HIERBAS, PECORINO PICADO Y PEREJIL

Un increíble plato de kebab de cordero con finas fetas de menudos y carne ahumada curada, todo ello marinado en un magnífico adobo y ensartado con pan y laurel. En el sur de Italia hay unos morrones suaves, dulces y secos que se asan en aceite de oliva y se sirven desmenuzados. Son difíciles de encontrar, así que en esta receta se deshidratan morrones en conserva.

PARA 8 PERSONAS | 1 HORA 15 MINUTOS, MÁS 1 NOCHE DE ADOBO Y EL DESHIDRATADO

1 pata de cordero, deshuesada
  y sin nervios (1,2 kg)

350 g de pan de masa madre

200 g de hígado de cordero
  limpio

2 riñones de cordero limpios

100 g de guanciale (papada
  de cerdo curada) o panceta
  ahumada en un trozo

24 hojas de laurel fresco

1 manojo de orégano fresco (30 g)

2 dientes de ajo

75 ml de vinagre de vino tinto

aceite de oliva extra virgen

600 g de morrones rojos
  asados y pelados en conserva

1,2 kg de papas

75 g de pecorino

½ manojo de perejil (15 g)

Precalentar el horno a 100 °C. Cortar el cordero en trozos de 3 cm y, aproximadamente, 1 cm de grosor. Partir el pan en trozos del mismo tamaño. Cortar en láminas el hígado, los riñones y el guanciale, que aportarán un sutil sabor. Poner todo en un cuenco grande con el laurel. En un mortero, machacar las hojas de orégano, los ajos pelados, 1 cucharadita de sal marina y una buena pizca de pimienta negra. Desleír la pasta obtenida con el vinagre y 4 cucharadas de aceite, mezclar con la carne y el pan, tapar y dejar en el adobo toda la noche. Escurrir los morrones, secarlos con papel de cocina, untarlos con un poco de aceite, partirlos a la mitad y ponerlos en una fuente forrada con papel de horno. Deshidratarlos en el horno 4 horas. Reservar.

Al día siguiente, preparar 8 brochetas metálicas, de madera (ponerlas primero en remojo) o ramas de romero, ensartar menudos, guanciale y laurel intercalados entre el cordero y el pan. Pelar las papas, cortar por la mitad las más grandes, cocerlas en una cacerola con agua salada hirviendo 20 minutos o hasta que estén tiernas. Mientras, asar las brochetas a media altura de la parrilla o en una plancha a fuego medio, 15 minutos, girándolas hasta que se doren, pero la carne quede rosada en su interior; puede que tengas que hacerlo en tandas. Escurrir las papas, dejarlas secar, ponerlas de nuevo en la cacerola y hacer un puré. Mezclarlo con el queso rallado, las hojas de perejil picadas, 6 cucharadas de aceite y sazonar a gusto. Servir el puré y las carnes de las brochetas con los morrones troceados encima.

CALORÍAS	GRASAS	GRASAS SATURADAS	PROTEÍNAS	CARBOHIDRATOS	AZÚCAR	SAL	FIBRA
801 kcal	44,2 g	14,5 g	49,3 g	52,3 g	3,5 g	2,2 g	3,1 g

RAGÚ DE CARNES VARIADAS

POLLO, SALCHICHA, COSTILLITAS, HONGOS, VINO Y TOMATES

Esta maravillosa receta, inspirada en los ratos que pasé con nonna Teresa, constituye un delicioso guiso, pero también una excelente salsa que combina perfectamente con unos ñoquis de papas (véase pág. 176). Gran parte de la cocina romana tiene su origen en el barrio de Testaccio —donde antiguamente había un mercado de carne—, y aprovecha los cortes más económicos, como las costillas. Comprar el pollo entero con sus menudos; es más económico y además añade sabor. ¡A disfrutar!

PARA 12 PERSONAS | 3 HORAS 40 MINUTOS

1 pollo de 1,8 kg, con los menudos

6 salchichas grandes de calidad (125 g cada una)

20 g de hongos porcini (*Boletus edulis*) secos

50 g de guanciale (papada de cerdo curada) o panceta ahumada en un trozo

2 dientes de ajo

2 ramitas de romero fresco

4 costillas de cerdo (1 kg en total)

2 cebollas

2 ramas de apio

2 bulbos de hinojo

200 ml de vino blanco Frascati

1 cucharada de puré de tomate

400 g de tomates perita en conserva

Cortar el pollo (véase pág. 386), limpiar y cortar los menudencias dejando el cogote entero. Girar cada salchicha por el medio, cortarlas por la mitad. Cubrir los hongos con agua hirviendo para rehidratarlos. Poner el guanciale cortado en trozos en una sartén grande a fuego medio-suave un par de minutos para que suelte la grasa. Pelar los ajos y añadirlos enteros a la sartén con las ramitas de romero. Dorar las costillas, luego el pollo troceado con la piel hacia abajo, girándolo hasta que se dore uniformemente. Mientras se vaya haciendo, pasar la carne sin la grasa a una cacerola grande a fuego mínimo. Dorar las salchichas y pasarlas también a la cacerola. Añadir los hongos, reservando el agua, y los menudos, sazonar con sal marina y pimienta negra. Precalentar el horno a 160 °C.

Pelar y cortar en láminas las cebollas y el apio, y el hinojo en trozos. Rehogar en la sartén 10 minutos o hasta que la verdura se ablande. Subir el fuego de la cacerola de la carne, verter el vino, dejar evaporar, añadir las verduras, el agua de remojo de los hongos (colada para que no caiga tierra) y el puré de tomate. Estrujar los tomates con las manos limpias, verter el equivalente a 2 o 3 latas de los tomates de agua, para que sobrepase la carne 1 cm. Tapar con un papel de horno estrujado y asar de 2 a 3 horas, o hasta que las carnes estén tiernas. Quitar los huesos, probar y sazonar a gusto. Es delicioso acompañado con polenta cremosa (véase pág. 368), verduras de estación, pasta, pan o arroz.

CALORÍAS	GRASAS	GRASAS SATURADAS	PROTEÍNAS	CARBOHIDRATOS	AZÚCAR	SAL	FIBRA
492 kcal	30,6 g	10,5 g	44 g	7,8 g	5,6 g	1,7 g	1,9 g

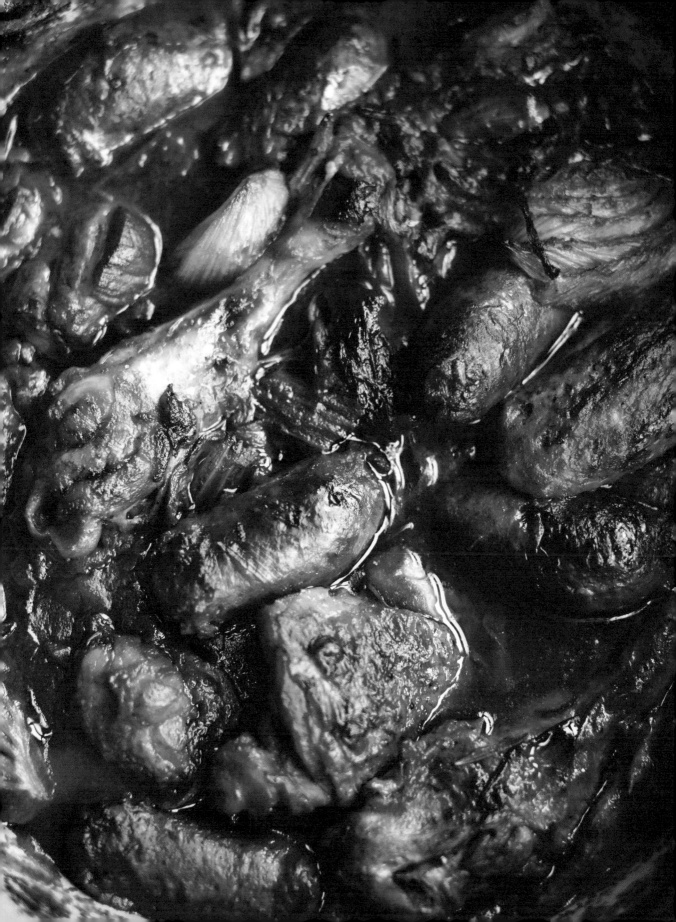

POLLO AL AZAFRÁN

PAN RALLADO CRUJIENTE DE AJO Y ALMENDRAS, ORÉGANO Y MARSALA

~~~~~~

Para mí, esta es una manera muy festiva y deliciosa de cocinar y servir pollo con hueso, cuyo sabor se ha reforzado con un increíble adobo. A pesar de ser una receta sencilla, su sabor es maravilloso y complejo. Te va a encantar.

PARA 4-6 PERSONAS | 1 HORA 30 MINUTOS, MÁS EL ADOBO

1 pollo de 1,4 kg

una buena pizca de azafrán

200 ml de vino Marsala

aceite de oliva

600 g de tomates cherry maduros de distintos colores

1 manojo de orégano fresco (30 g)

2 dientes de ajo

100 g de almendras peladas

100 g de pan casero duro

Lo ideal es marinar el pollo el día antes de cocinarlo, para obtener el máximo sabor y jugosidad. En un bol, cubrir el azafrán con agua caliente y dejarlo 2 minutos, añadir el Marsala con 2 cucharadas de aceite y una buena pizca de sal marina y pimienta negra. Verter esta mezcla en una bolsa de plástica hermértica, poner el pollo, sacar todo el aire de la bolsa, cerrarla con un nudo y mezclar bien. Dejar el pollo en adobo en la heladera por lo menos 8 horas, preferiblemente toda la noche, dándolo vuelta de vez en cuando.

Al día siguiente, precalentar el horno a 180 °C. En una tabla, cortar la parte posterior del pollo con un cuchillo grande y afilado para que pueda abrirse por completo. Poner el pollo (con la piel hacia arriba) y el adobo en una fuente, cocerlo en el estante superior del horno 40 minutos. Mientras, poner los tomates en una fuente de horno con las hojas de orégano y 1 cucharada de aceite, salpimentar y mezclar bien.

Terminada la cocción, poner 2 cucharadas de la grasa de cocción del pollo en una multiprocesadora. Añadir los ajos pelados, las almendras y el pan en trozos. Triturar hasta obtener un pan rallado. Esparcirlo por arriba del pollo dando palmaditas para que se adhiera. Poner de nuevo en el horno otros 20 minutos, con la fuente de los tomates debajo. Me gusta servir el pollo con su rebozado encima de una tabla y cortarlo en trozos con el hueso. Servir los tomates tal cual, con una gran ensalada verde, o mezclados con unos espaguetis recién hervidos.

CALORÍAS	GRASAS	GRASAS SATURADAS	PROTEÍNAS	CARBOHIDRATOS	AZÚCAR	SAL	FIBRA
692 kcal	41,8 g	7,4 g	48,5 g	22,9 g	9,4 g	1,7 g	2 g

NONNA MARINA

SALINA | ISLAS EOLIAS

Nonna Marina nació y se crio en la isla de Salina. Siempre ha tenido a su disposición una abundante huerta y ha criado conejos. Como miembro de una numerosa familia —tiene 9 hermanos, 7 hijos y 16 nietos— está acostumbrada a alimentar a una multitud. En cuanto a sus platos, son abundantes, contundentes y llenos de sabor.

CONEJO AGRIDULCE

LAUREL, ALMENDRAS Y PIÑONES

~~~~~~

Nonna Marina utiliza ingredientes rotundos y métodos de cocción sencillos para crear grandes sabores. Esta receta se inspira en unos deliciosos platos que tuve la suerte de cocinar y disfrutar con ella, y sé que te va a encantar: es jugosa, tierna y los frutos secos que se añaden al final no hacen sino mejorarla, además de añadirle un toque crujiente. Si no encuentras conejo, un pollo cortado en trozos también combinará perfectamente con estos sabores.

PARA 4 PERSONAS | 1 HORA

1 conejo (1,2 kg) cortado
en trozos, con menudos

aceite de oliva

1 cebolla morada

5 tomates cherry maduros

1 ají picante rojo fresco

5 hojas de laurel fresco

50 g de piñones

50 g de almendras peladas

½ cucharadita de clavo
de olor molido

150 ml de vino tinto siciliano
con cuerpo

100 ml de aceto balsámico
denso

1 cucharada de miel líquida

Poner el conejo y los menudos en una cacerola y añadir 3 cucharadas de aceite. Dorar el conejo a fuego medio-fuerte, dándolo vuelta de vez en cuando. Pelar y cortar en finas láminas la cebolla, cortar los tomates en cuatro, el ají picante por la mitad longitudinalmente y retirar las semillas. Añadir todo a la cacerola con el laurel, los frutos secos, los clavos de olor y el vino. Verter 350 ml de agua, llevar a ebullición y cocer a fuego lento 15 minutos.

Pasado este tiempo, verter el aceto balsámico y la miel. Seguir la cocción otros 30 minutos o hasta que el conejo esté tierno y el líquido se haya reducido a una salsa oscura, espesa y sabrosa, removiendo de vez en cuando. Servir de inmediato o, como Marina lo sirve, a temperatura ambiente, que es común en climas cálidos como el de las islas Eolias. Lo degustamos con pasta, pero también es típico disfrutarlo con cuscús o pan. ¡Delicioso!

CALORÍAS	GRASAS	GRASAS SATURADAS	PROTEÍNAS	CARBOHIDRATOS	AZÚCAR	SAL	FIBRA
580 kcal	33 g	6 g	45,1 g	19,7 g	17,5 g	0,3 g	1 g

POLLO DEL REBAÑADOR

HONGOS, PANCETA AHUMADA, AJO, PAPAS, TOMILLO Y VINO

Le dedico esta receta a mi rebañador favorito, Gennaro Contaldo. Me lo imagino comiendo este plato, partiendo el pan en trozos y mojándolo en toda esa deliciosa salsa. Cocinarlo es muy divertido, pues es una receta que fluye sola, y como se cocina en el horno, solo tendrás que preocuparte de disfrutar de una crujiente, tierna, intensa y espléndida cena.

PARA 6 PERSONAS | 1 HORA 45 MINUTOS

20 g de hongos porcini
 (*Boletus edulis*) secos

100 g de panceta ahumada
 en un trozo

aceite de oliva

6 muslos de pollo

6 echalotes

400 g de portobellos

4 dientes de ajo

200 ml de vino blanco Gavi
 di Gavi

4 papas medianas

4 ramitas de tomillo fresco

200 ml de crème fraîche

Precalentar el horno a 180 °C. Cortar en trozos los hongos, ponerlos en remojo con agua caliente y reservar. Cortar la panceta en tiras gruesas y ponerlas en una cacerola grande con 1 cucharada de aceite a fuego medio-fuerte para que suelten la grasa. Cuando estén doradas, pasarlas a un cuenco y dejar la cacerola con la grasa en el fuego.

Añadir los muslos de pollo y los echalotes enteros pelados a la cacerola. Girar el pollo hasta que se dore uniformemente, reservar los muslos y los echalotes con la panceta (puede que tengas que hacerlo en tandas). Agregar los portobellos cortados por la mitad o en cuartos a la cacerola. Cuando empiecen a dorarse, añadir los ajos en láminas finas. Rehogarlos hasta que empiecen a tomar color, verter el vino y dejar reducir a la mitad. Incorporar las papas peladas y cortadas en dados. Poner de nuevo el pollo, los echalotes y la panceta en la cacerola, con todos los jugos del cuenco.

Añadir los hongos con el agua de remojo (colarla para que no caiga tierra) y las ramitas de tomillo atadas. Hornear durante 1 hora o hasta que el pollo esté tierno, regar con los jugos de cocción cada 20 minutos. Cuando la salsa se haya reducido, verter la crème fraîche y poner de nuevo en el horno 5 minutos para que los sabores se integren.

CALORÍAS	GRASAS	GRASAS SATURADAS	PROTEÍNAS	CARBOHIDRATOS	AZÚCAR	SAL	FIBRA
672 kcal	45,2 g	17,7 g	41,2 g	21 g	2,5 g	1 g	3 g

NONNA MARIA

PROCIDA | NÁPOLES

Nonna Maria, la única pescadora de la isla, ha cocinado durante toda su vida. Antes salía a pescar con su padre, y cuando este falleció, continuó con su marido, también pescador. Pescar siempre ha sido su modo de vida. Aún sale cada día y cocina lo que ha pescado para su familia, o para las fiestas y celebraciones de la aldea. ¡Qué mujer!

PESCADO EN 'AGUA LOCA'

ACQUA PAZZA – EL VERDADERO PLATO DE PESCADO DE LA ISLA

Me emociona la idea de compartir contigo este método, que demuestra lo fácil que es cocinar el pescado con espinas, lo que, además de aportar más sabor y jugosidad, hace que sea más difícil pasarse en la cocción. En esta receta cada ingrediente aporta lo mejor de sí mismo al sabor final: ¡es sorprendente!

PARA 2 PERSONAS | 30 MINUTOS

2 cebollitas de verdeo

½ bulbo de hinojo

1 zanahoria

200 g de tomates cherry
en rama, maduros,
de distintos colores

3 dientes de ajo

½ ají picante rojo fresco

8–10 aceitunas variadas
(con carozo)

aceite de oliva

2 pescados enteros de 350 g
cada uno, como dorada, trucha,
róbalo, salmonete, escamados,
sin tripas ni branquias

1 manojo de hierbas frescas
mezcladas (30 g), como perejil,
menta, hojas de hinojo

150 ml de vino blanco Greco
di Tufo

1 limón

aceite de oliva extra virgen

Limpiar las cebollitas de verdeo y el hinojo (reservar las hojas), pelar la zanahoria, cortar en láminas de ½ cm de grosor. Cortar los tomates por la mitad. Pelar y laminar los ajos y el ají picante. Descarozar las aceitunas. Poner una sartén grande a fuego fuerte con 1 cucharada de aceite de oliva. Rehogar las cebollitas de verdeo, el hinojo y la zanahoria 4 minutos; después, añadir los tomates, los ajos, el ají picante y las aceitunas. Remover a menudo durante 2 minutos, hacer unos cortes en ambos lados de los pescados (esto ayudará a que el sabor y el calor penetren mientras se cocinan).

Colocar los pescados sobre las verduras, poner la mitad de las hierbas dentro del pescado, verter el vino y dejar reducir a la mitad. Añadir unos 300 ml de agua, aproximadamente 1 cm. Tapar y dejar cocer a fuego fuerte 8 minutos (al hervir por abajo y cocerse al vapor por arriba, las verduras quedan muy aromáticas). Picar las hierbas restantes, añadir la ralladura de limón y mezclar todo.

Destapar el pescado y regar con los jugos de cocción durante 1 minuto. Para comprobar si el pescado está hecho, pincharlo en la parte más gruesa cerca de la cabeza: si la carne se separa fácilmente de la espina, está listo. Ponerlo en una fuente, cubrirlo con las verduras y el jugo, rociar con aceite de oliva extra virgen, esparcir las hierbas con limón y regar con el jugo. Queda delicioso servido con pan para mojar en esa irresistible salsa, con papas nuevas, cuscús o arroz.

CALORÍAS	GRASAS	GRASAS SATURADAS	PROTEÍNAS	CARBOHIDRATOS	AZÚCAR	SAL	FIBRA
407 kcal	17,3 g	1,6 g	40,3 g	11,6 g	10,1 g	0,8 g	3,3 g

ESTOFADO DE SEPIA Y PAPAS

'NDUJA PICANTE, HINOJO, VINO TINTO Y PEREJIL

~~~~~~

Este es un guiso muy diferente, delicioso y reconfortante. Antes de que digas: «¿Dónde voy a comprar sepias?», te diré que se pescan en abundancia en aguas de muchos lugares del mundo. En cualquier pescadería e incluso en algunos supermercados puedes encontrarlas. Esta receta también se puede elaborar con calamares grandes.

PARA 6 PERSONAS | 2 HORAS 15 MINUTOS

50 g de 'nduja (embutido muy
   picante de Calabria)

2 limones

aceite de oliva

4 sepias medianas limpias,
   con tentáculos, sin cabezas
   (1,4 kg en total)

2 cebollas moradas

2 dientes de ajo

2 bulbos de hinojo

250 ml de vino tinto Primitivo

1 kg de papas

400 g de tomates cherry
   en conserva

½ manojo de perejil (15 g)

aceite de oliva extra virgen

Machacar la 'nduja en un mortero, desleír esta pasta con el jugo de 1 limón y la misma cantidad de aceite de oliva. Cortar el cuerpo de las sepias por la mitad longitudinalmente, marcar el interior con cortes entrecruzados a intervalos de 1 cm, frotar el interior y el exterior con la mezcla de 'nduja. Dejar marinar en la heladera.

Mientras, cortar los tentáculos en trozos y ponerlos en una cacerola grande a fuego medio-fuerte con 2 cucharadas de aceite de oliva. Cocer 10 minutos, removiendo de vez en cuando. Pelar las cebollas y los ajos, limpiar el hinojo y picar todo. Verter el vino en la cacerola y dejar reducir a la mitad, raspando los restos pegados en el fondo de la cacerola con una cuchara de madera. Agregar las verduras picadas. Cocerlas 30 minutos o hasta que se caramelicen, remover a menudo y añadir un poco de agua si fuera necesario. Pelar las papas y cortarlas en trozos de 3 cm, incorporarlas a la cacerola con los tomates y cubrir con 1 litro de agua. Llevar a ebullición, cocer a fuego lento sin tapar durante 1 hora o hasta que todo esté tierno y remover de vez en cuando.

Cocer la sepia marinada en una plancha muy caliente o en la parrilla, 1 minuto de cada lado o hasta que esté bien dorada. Cortarla en rodajas sobre una tabla, picar las hojas de perejil, añadirlo al estofado con un poco de aceite de oliva extra virgen y un chorrito de jugo de limón. Probar, sazonar a gusto y servir.

CALORÍAS	GRASAS	GRASAS SATURADAS	PROTEÍNAS	CARBOHIDRATOS	AZÚCAR	SAL	FIBRA
480 kcal	14,5 g	2,6 g	44,7 g	38,1 g	8,3 g	2,6 g	6,2 g

ATÚN REBOZADO

ESPAGUETIS DE LAS EOLIAS CON LIMÓN, ALCAPARRAS, PECORINO, AJÍ PICANTE Y HIERBAS

Los rebozados han sido una de mis comidas favoritas desde niño. Es cierto que esta versión rompe las normas, pero en las islas todo es pescado, así que quise recrear esa afición por el rebozado combinando una pasta supersencilla, pero llena de sabor con un trozo de atún fresco maravillosamente cocinado. Cuando el pescado es de calidad, queda delicioso poco hecho, pero Jools lo prefiere un poco más cocido. Hazlo como te haga feliz, pero, hazme caso, no te pases cocinándolo.

PARA 2 PERSONAS | 15 MINUTOS

1 cucharada de alcaparras pequeñas en salmuera

150 g de espaguetis

2 filetes de atún muy fresco de 150 g cada uno (de 2 cm de grosor)

1 huevo grande

50 g de pan duro de masa madre rallado

1 diente de ajo

1 ají picante rojo fresco

3 ramitas de perejil

3 ramitas de menta fresca

30 g de pecorino o parmesano

1 limón

aceite de oliva

Poner en remojo las alcaparras en un bol con agua. Cocer la pasta en una cacerola con agua salada hirviendo siguiendo las instrucciones del paquete. Mientras, sazonar el atún con sal marina y pimienta negra. Batir el huevo en un cuenco. Poner el pan rallado en un plato. Pasar el atún por el huevo, escurrir el exceso y rebozarlo con el pan rallado por ambos lados. Pelar el ajo y cortarlo en finas láminas junto con el ají picante. Picar finas las hojas de las hierbas. Rallar el pecorino y medio limón, y reservar por separado.

Calentar una sartén grande y otra mediana a fuego medio-fuerte. Cuando estén calientes, poner 1 cucharada de aceite y el atún en la mediana, darle la vuelta al cabo de 1 o 2 minutos, o cuando esté dorado, procurando que el atún no se haga demasiado. Pasarlo a una tabla. En la sartén grande, sofreír el ajo, el ají picante, las alcaparras escurridas y la ralladura de limón con 1 cucharada de aceite y remover a menudo.

Escurrir la pasta, reservar una taza del agua de cocción. Echarla en la sartén grande, verter el jugo de medio limón y un poco del agua de cocción reservada. Mezclar con las hierbas y el pecorino hasta obtener una salsa sedosa y brillante, añadir más agua de cocción si fuera necesario. Probar, sazonar a gusto y repartir entre los platos. Cortar el atún, colocarlo sobre la pasta y servir con gajos de limón para exprimir.

CALORÍAS	GRASAS	GRASAS SATURADAS	PROTEÍNAS	CARBOHIDRATOS	AZÚCAR	SAL	FIBRA
745 kcal	29,7 g	7,8 g	53,8 g	69,5 g	3,6 g	1,5 g	2,6 g

NONNA FRANCHINA

SALINA | ISLAS EOLIAS

Nonna Franchina es una mujer extraordinaria. Cuando la conocí, estaba recogiendo alcaparras en su granja, que es como su jardín. Considerando que ya ha cumplido 92 años, creo que resulta bastante increíble. Franchina cocina desde los 10 años, por lo que tiene una gran experiencia. Los métodos de la vieja escuela que me enseñó —como, por ejemplo, cerrar sus calamares rellenos con aguja e hilo— fueron para mí una gran inspiración y me recordaron que cocinar debe ser práctico. Franchina dijo que si me gustaba su receta, yo debería contársela a todo el mundo, que eso la haría muy feliz. Así que, por favor, mantenla viva y cocínala según se indica en las páginas siguientes.

CALAMARES RELLENOS

ALCAPARRAS, PAN RALLADO, PECORINO, AJO Y PEREJIL

Salina es conocida por sus alcaparras, y nonna Franchina, cuya familia las ha cultivado durante generaciones, conoce a la perfección cómo aprovecharlas al máximo en su cocina. Este plato constituye un buen y sabrosísimo ejemplo de ello.

PARA 4 PERSONAS | 1 HORA

25 g de alcaparras pequeñas
    en salmuera

100 g de pan rallado grueso

1 huevo grande

aceite de oliva

15 g de pecorino o parmesano,
    y un poco más para servir

1 diente de ajo

½ manojo de perejil (15 g)

1 cebolla morada

10 tomates cherry maduros

680 g de puré de tomate
    en conserva

4 calamares medianos limpios
    (300 g en total)

300 g de espaguetis

2 ramitas de albahaca fresca

Poner la mitad de las alcaparras en un bol con el pan rallado, el huevo, 1 cucharada de aceite y 2 cucharadas de agua. Añadir el pecorino rallado, el ajo pelado y picado, y el perejil picado (con los tallos) y mezclar bien.

Rehogar la cebolla pelada y en láminas finas en una cacerola a fuego medio con 2 cucharadas de aceite, removiendo de vez en cuando. Un gran truco de la nonna: apretar los tomates sumergidos en un bol con agua para quitar las semillas (¡y evitar que salpiquen por todas partes!). Añadir los tomates y el puré de tomate. Cocer lentamente mientras se rellenan los calamares.

Separar los tentáculos, rellenar los cuerpos hasta un poco más de la mitad con la mezcla de pan rallado, empujándola hacia el interior, pero sin apretarla demasiado. Cerrar los calamares con un palillo o, como Franchina aprendió de sus abuelos, con hilo y aguja. Añadir las alcaparras restantes a la salsa, con los calamares y los tentáculos. Cocer lentamente 25 o 30 minutos o hasta que estén tiernos.

Mientras, cocinar la pasta en una cacerola con agua salada hirviendo, siguiendo las instrucciones del paquete. Con unas pinzas, poner los calamares sobre una tabla. Retirar los palillos o el hilo, cortarlos en rodajas y colocarlos en un plato, cubrir con un poco de salsa y esparcir las hojas de albahaca. Escurrir la pasta y reservar una taza del agua de cocción. Mezclarla con la salsa restante y un poco del agua de cocción, si fuera necesario. Servir con el pecorino rallado al lado de estos sabrosos calamares rellenos.

CALORÍAS	GRASAS	GRASAS SATURADAS	PROTEÍNAS	CARBOHIDRATOS	AZÚCAR	SAL	FIBRA
577 kcal	16,1 g	3,1 g	28,1 g	83,9 g	15 g	1,8 g	5,4 g

GUISO DE PESCADO DE VERANO

PAN, ARVEJAS Y ALIOLI

~~~~~~

Una explosión de colores en la que todos los ingredientes se cocinan juntos, un homenaje a los pescados y mariscos con unos sabores que impresionan. Prepararlo es divertido y puedes utilizar lo que tengas a mano.

PARA 4 PERSONAS | 40 MINUTOS

alioli (véase pág. 374)

1 cebolla

1 diente de ajo

1 rama de apio

1 papa grande

1 ají picante rojo fresco

½ manojo de perejil (15 g)

aceite de oliva

150 ml de prosecco

680 g de puré de tomate
en conserva

2 filetes de dorada grandes,
escamados y sin espinas

4 cigalas con cáscara

400 g de mejillones y almejas,
limpios y sin barbas

200 g de calamares limpios

100 g de arvejas frescas
desgranadas

4 rebanadas gruesas de pan
casero

Hacer el alioli (véase pág. 374). Pelar la cebolla, el ajo, el apio (reservar las hojas amarillas) y la papa. Picar fina la cebolla, el ajo, el ají picante (sin semillas, si se prefiere) y los tallos de perejil (reservar las hojas). Cortar el apio y la papa en trozos de 1 cm. Rehogar todo 10 minutos en una cacerola grande a fuego medio con 2 cucharadas de aceite o hasta que esté tierno, removiendo de vez en cuando.

Verter el prosecco y cocer a fuego lento 2 minutos. Añadir el puré de tomate y la mitad de la lata llena de agua. Sazonar con una buena pizca de sal marina y pimienta negra, añadir la dorada y las cigalas, y sumergirlas en la salsa. Cocer a fuego lento. Dar unos golpecitos a los mejillones y las almejas abiertos, y desechar los que no se cierren. Cortar los calamares en aros. Añadir los mejillones, las almejas, el calamar y las arvejas a la cacerola con un chorro de agua si fuera necesario. Tapar y cocer unos minutos o hasta que los mejillones y las almejas se abran (desechar los que se queden cerrados).

Poner una rebanada de pan en cada plato (tostada, si se prefiere), servir el guiso arriba, poner en cada plato ½ cucharada de alioli (guardar el resto para otro día) y trocear encima las hojas de perejil y de apio. Si tienes unas hojas de hinojo, le darán un bonito toque final.

CALORÍAS	GRASAS	GRASAS SATURADAS	PROTEÍNAS	CARBOHIDRATOS	AZÚCAR	SAL	FIBRA
581 kcal	18,7 g	2,3 g	45,2 g	55 g	15,4 g	2,7 g	6,1 g

ENSALADA DE CALAMAR ASADO

SALSA DE ALCAPARRAS, PISTACHOS, AJÍ PICANTE, MENTA Y LIMÓN

Inspirándome en los sabores que nonna Franchina atesoró en el relleno de sus calamares, se me ocurrió esta receta, que utiliza el mismo principio, pero al revés. Hacemos una salsa alucinante para sumergir el calamar caliente asado a la parrilla y crear una maravillosa armonía entre sabor y textura. Esta salsa también es excelente para aderezar hortalizas a la parrilla, cordero o mariscos, mezclada con pasta o para untar unos crostini.

PARA 4-6 PERSONAS | 30 MINUTOS

2 cucharadas de alcaparras pequeñas en salmuera

2 limones

aceite de oliva extra virgen

1 diente de ajo

1 ají picante rojo fresco

4 filetes de anchoa en aceite

30 g de pistachos sin sal y sin cáscara

½ manojo de menta fresca (15 g)

4 calamares grandes limpios

500 g de tomates grandes maduros

Poner en remojo las alcaparras en un bol con agua. Exprimir el jugo de los limones en un bol grande y verter 4 cucharadas de aceite. Añadir el ajo pelado y picado fino, el ají picante, las anchoas, los pistachos, las alcaparras escurridas y las hojas de menta, todo picado fino. Mezclarlo bien.

Reservar los tentáculos. Con un cuchillo afilado, cortar a lo largo un lado de los calamares para abrirlos como un libro. Marcar el interior con cortes entrecruzados a intervalos de ½ cm. Para cocer el calamar, seguir los consejos de Franchina y hacer primero los tentáculos y luego los cuerpos, del más grande al más pequeño. En una plancha caliente o en la parrilla, cocer cada calamar aproximadamente 1 minuto de cada lado, sin aceite ni sal, hasta que se doren y empiecen a enrollarse. Empezar por la parte interior de los calamares y girarlos para que se doren uniformemente. Sumergirlos directamente en la salsa con unas pinzas a medida que se van haciendo, mezclándolos para que absorban su sabor.

Cortar los tomates y disponerlos en una fuente. Poner encima los calamares cortados en trozos y los tentáculos. Cubrir con la salsa y servir caliente o a temperatura ambiente.

CALORÍAS	GRASAS	GRASAS SATURADAS	PROTEÍNAS	CARBOHIDRATOS	AZÚCAR	SAL	FIBRA
266 kcal	18,4 g	2,8 g	19 g	6,5 g	4,7 g	0,9 g	1,8 g

RÓBALO AL HORNO

ENSALADA DE HINOJO, ACEITUNAS Y NARANJA DULCE

~~~~~~

Es una delicia asar un pescado grande entero, pero puedes sustituirlo por dos pescados más pequeños, que serán igual de deliciosos. A medida que el pescado se va horneando, sus jugos naturales se van mezclando perfectamente con el vermut para crear un sabor increíblemente fragante. Con una ensalada, es un plato único deslumbrante y original. En casa lo servimos así, y si es una ocasión más especial, a veces asamos unas papas para disfrutarlas como acompañamiento.

PARA 8 PERSONAS | 45 MINUTOS

3 bulbos de hinojo grandes
con las hojas

1 manojo de hierbas frescas
(30 g), como hojas de hinojo,
mejorana, perejil

1 róbalo de 2 kg o 2 de 1 kg
escamado, sin tripas ni
branquias

1 cebolla morada grande

aceite de oliva

250 ml de vermut

2 cucharadas de manteca

5 naranjas normales
o sanguinas

vinagre de vino tinto

5 aceitunas negras
(con carozo)

aceite de oliva extra virgen

Precalentar el horno a temperatura máxima (240 °C). Cortar los tallos de hinojo en rodajas finas, dejando enteros los bulbos y reservando las hojas. Introducir los tallos y las hierbas dentro del pescado. Poner la mitad de la cebolla cortada en láminas finas en una fuente lo suficientemente grande para que quepa el pescado y untada con aceite. Poner el pescado en la fuente en posición vertical, doblándolo si fuera necesario. Sazonar con sal marina y pimienta negra, verter el vermut y 2 cucharadas de aceite de oliva, la manteca y el jugo de 1 naranja. Hornear, reducir la temperatura a 180 °C y asar el róbalo 30 minutos (20 minutos si son 2 pequeñas) o hasta el punto de cocción deseado, regando con los jugos de cocción un par de veces. Para comprobar si el pescado está hecho, pincharlo en la parte más gruesa cerca de la cabeza. Si la carne se separa fácilmente de la espina, está listo.

Mientras, estrujar el resto de la cebolla con un poco de vinagre para obtener un encurtido rápido. Cortar finos los bulbos de hinojo y disponerlos en los platos con sus hojas. Colocar las naranjas peladas y cortadas en rodajas.

Para servir, esparcir la cebolla encurtida por encima de la ensalada. Descarozar y cortar en trozos las aceitunas, aliñar con aceite de oliva extra virgen, sazonar, probar y mezclar. Servir la ensalada y el pescado, y regarlo con los sabrosos jugos de la cocción.

CALORÍAS	GRASAS	GRASAS SATURADAS	PROTEÍNAS	CARBOHIDRATOS	AZÚCAR	SAL	FIBRA
397 kcal	23,6 g	6,5 g	32,1 g	9,7 g	9,1 g	0,4 g	1 g

RODABALLO AL HORNO

PANCETA, PAPAS, HONGOS, TOMATES CHERRY, CEBOLLA MORADA Y ROMERO

~~~~~~

Cocino a menudo este tipo de preparaciones al horno, cuyo resultado final es mejor que la suma de sus partes. El pescado va absorbiendo los sabores de los demás ingredientes a medida que se va cociendo, y viceversa. Cocinar pescado sin retirar las espinas es toda una revelación, pues queda más sustancioso y tanto su sabor como su jugosidad se intensifican. Los cortes transversales se llaman rodajas, y los longitudinales, pero sin espinas, filetes, así que ya sabes cómo pedírselo a tu pescadero. El rodaballo, el rémol y el gallo nunca son baratos, pero valen la pena para darse un capricho.

PARA 2 PERSONAS | 1 HORA 10 MINUTOS

400 g de papas

4 dientes de ajo

1 cebolla moradas

2 fetas gruesas de panceta
   ahumada o panceta

10 tomates cherry maduros

2 ramitas de romero fresco

aceite de oliva

2 trozos de 300 g de pescado
   plano, como rodaballo,
   rémol o gallo, con piel

150 g de rebozuelos u otros
   hongos

1 limón

½ ají picante rojo fresco

20 g de rúcula

aceite de oliva extra virgen

Precalentar el horno a 180 °C. Pelar las papas y cortarlas en rodajas de 1 cm, ponerlas en una fuente de horno (20 × 30 cm). Añadir los ajos enteros con piel un poco aplastados y la cebolla en rodajas. Agregar la panceta cortada en tiras, los tomates, las hojas de romero y regar con aceite de oliva. Sazonar bien, mezclar y disponer todo en una sola capa. Asar durante 25 minutos.

Mientras, lavar el pescado, secarlo con papel de cocina y ponerlo en un cuenco. Añadir los hongos, troceados los grandes y enteros los pequeños, sazonar con sal marina y pimienta negra, y aliñar con 1 cucharada de aceite de oliva y el jugo de medio limón para hacer una marinada rápida. Cuando las papas estén hechas, colocar el pescado encima, esparcir los hongos y hornear de nuevo 25 minutos o hasta que el pescado esté en su punto.

Cortar muy fino el ají picante sin las semillas y repartir con la rúcula por arriba. Terminar con un chorrito de aceite de oliva extra virgen y servir con gajos de limón.

CALORÍAS	GRASAS	GRASAS SATURADAS	PROTEÍNAS	CARBOHIDRATOS	AZÚCAR	SAL	FIBRA
462 kcal	14,2 g	2,9 g	40,7 g	45,6 g	8,6 g	1 g	5,9 g

NONNA ROSANNA

CATANIA | SICILIA

Nonna Rosanna es una persona a la que hay que tener muy en cuenta.
Durante más de cincuenta años, desde que era pequeña y acompañaba a su
padre pescadero, ha estado yendo a La Pescheria, el mercado de pescado de
Catania donde todo el mundo la conoce. Rosanna, que sabe distinguir perfectamente los pescados más frescos de otros más dudosos, es la guardiana de
las recetas de su madre y se mantiene fiel a los métodos que esta le enseñó.
Cocinar con ella fue una verdadera clase magistral de profundidad de sabor.
Sus platos son como un camuflaje: su aspecto no promete demasiado, pero
cuando los pruebas, superan tus expectativas. Compruébalo tú mismo en las
páginas siguientes.

ATÚN ENCEBOLLADO

CEBOLLAS AGRIDULCES

~~~~~~

Este es uno de los platos más deliciosos y a la vez más feos que he visto, probado o cocinado nunca, y por eso mismo me vi obligado a incluirlo en el libro. Su extraordinario sabor se consigue, como dice nonna Rosanna, cocinando con amor y con ahínco. Utilizar ingredientes baratos, en este caso cebollas, y cocerlo con esmero absoluto aún puede enriquecer más su sabor. Rosanna usaba ventresca de atún, que en Italia es más barata, pero se puede usar cualquier otro corte.

PARA 4 PERSONAS | 50 MINUTOS

4 cebollas

aceite de oliva

4 filetes de atún de 150 g
  (de 2 cm de grosor)

3 cucharadas de vinagre
  de vino tinto

Pelar y cortar en láminas finas las cebollas, enjuagarlas en un gran bol con agua: Rosanna hace esto para que las cebollas queden más suaves. Poner una sartén grande a fuego medio-suave y añadir las cebollas escurridas. Sazonar con sal marina, tapar y cocer al vapor 15 minutos.

Verter 6 cucharadas de aceite y tapar de nuevo para que se hagan medio al vapor, medio sofritas. Rehogar otros 15 minutos o hasta que las cebollas se caramelicen, removiendo a menudo. Las cebollas se irán pegando en el fondo de la sartén; esto le dará el toque dulce y delicioso. Destapar, apartar las cebollas a un lado de la sartén y añadir el atún, en tandas si es necesario. Cocerlo 2 minutos de cada lado si se desea poco hecho y rosado, o 3 o 4 minutos si se prefiere bien hecho.

Poner el atún en una fuente de servir. Añadir el vinagre a la sartén, dejar evaporar, verter un chorrito de agua y raspar los restos pegados en el fondo. Salsear el atún con las cebollas. Es delicioso servido caliente, aunque Rosanna recomienda servirlo a temperatura ambiente, con una ensalada fresca y sabrosa.

CALORÍAS	GRASAS	GRASAS SATURADAS	PROTEÍNAS	CARBOHIDRATOS	AZÚCAR	SAL	FIBRA
444 kcal	26,6 g	4,6 g	37,4 g	14,4 g	11,2 g	0,7 g	4 g

INCREÍBLE PULPO

ESCALFADO EN SUS PROPIOS JUGOS, DORADO Y CRUJIENTE

El pulpo se está poniendo muy de moda en los restaurantes. Es cierto que solo pensar en cocinarlo en casa puede desanimar a muchos, pero merece la pena intentarlo. El proceso es asequible y da como resultado una carne extremadamente tierna, unos pedacitos pegajosos y un caldo estupendo, todo lo cual ofrece muchas y sabrosas posibilidades para futuros platos.

PARA 8 PERSONAS | 1 HORA 20 MINUTOS

1 pulpo grande (2 kg), limpio, sin el pico

aceite de oliva

3 dientes de ajo

1 ají picante rojo fresco

6 filetes de anchoa en aceite

200 g de tomates cherry maduros

1 manojo de perejil (30 g)

2 cucharadas de aceto balsámico

Sumergir el pulpo en una cacerola grande y honda con agua hirviendo (sin sal, ¡muy importante!), lavarlo unos 2 minutos, ponerlo en una fuente (se curvará un poco). Tirar el agua, poner de nuevo la cacerola a fuego medio-suave con 6 cucharadas de aceite. Sofreír los ajos y el ají picante en láminas finas con las anchoas hasta que se ablanden, pero sin que tomen color, removiendo de vez en cuando.

Separar los tentáculos de la cabeza del pulpo, poner todo en la cacerola, con los tomates y el perejil (con los tallos). Tapar y cocer 35 minutos o hasta que esté tierno; del pulpo saldrá un montón de jugo increíble, un caldo delicioso para sopas y pastas. Apagar el fuego y dejarlo reposar 15 minutos en su jugo.

Poner el pulpo sobre una tabla. Colar y reservar el caldo (puede diluirse con un poco de agua si fuera demasiado salado). Guardar la mezcla espesa y pegajosa que queda en el colador. Cortar en trozos los tentáculos y la cabeza por la mitad, dorarlo en una cacerola grande con 2 cucharadas de aceite unos minutos por cada lado o hasta que esté bien dorado.

Poner el pulpo con sus jugos de cocción en un bol y rociar con el aceto balsámico. Puede comerse de inmediato o guardarse en la heladera hasta 2 días. En la página siguiente hay cuatro deliciosas formas de servirlo y disfrutarlo.

CALORÍAS	GRASAS	GRASAS SATURADAS	PROTEÍNAS	CARBOHIDRATOS	AZÚCAR	SAL	FIBRA
343 kcal	16,7 g	2,7 g	45,8 g	2,7 g	2,3 g	0,2 g	0,5 g

4 RECETAS DE PULPO

ENSALADA, PASTA, BRUSCHETTA, SOPA

Todos estos platos son una estupenda ocasión para disfrutar del pulpo hervido y dorado (véase pág. 266) y valen el intento.

ENSALADA DE PULPO

PARA 2 PERSONAS | 10 MINUTOS

Pelar y cortar en laminas **½ cebolla morada**. Cortar **4 ramas de apio** en cintas con un pelador de verduras (reservar las hojas amarillas). Cortar al bies **½–1 ají picante rojo fresco** y añadir casi todas las hojas de **½ manojo de perejil (15 g)**. Sazonar con sal marina y pimienta negra, aliñar con un poco de **vinagre de vino tinto** y **aceite de oliva extra virgen**, y mezclar. Disponer todo en una fuente. Añadir **250 g de pulpo** de la receta anterior y mezclar con la ensalada. Esparcir las hojas de apio y de perejil. Regar con un poco de **jugo de limón**, a gusto, y servir.

PASTA CON PULPO

PARA 2 PERSONAS | 15 MINUTOS

Cocer **150 g de pasta** en una cacerola con agua salada hirviendo, según las instrucciones del paquete. Mientras, cortar en láminas finas **2 dientes de ajo** y rehogarlos en una sartén a fuego medio-fuerte con **1 cucharada de aceite de oliva** y **1 puñado de tomates cherry maduros**. Rehogar 4 minutos o hasta que se ablanden, removiendo a menudo. Cortar **250 g de pulpo** de la receta anterior. Mezclarlo en la sartén con **1 cucharón de su caldo**. Poner la pasta cocida en la sartén, con las hojas de **½ manojo de perejil (15 g)** troceadas y mezclar bien, añadiendo un poco del agua de cocción de la pasta si fuera necesario.

BRUSCHETTA CON PULPO

PARA 2 PERSONAS | 10 MINUTOS

Calentar la **mezcla espesa y pegajosa** reservada en una cacerola a fuego mínimo con un poco de **caldo**, aplastándola. Picar y añadir el **pulpo sobrante**, extenderlo sobre unas **tostadas restregadas con ajo** y añadir unas **hojas de perejil**. Aliñar con **aceite de oliva extra virgen** y servir con **gajos de limón**, si se desea.

SOPA DE PULPO

PARA 2 PERSONAS | 15 MINUTOS

Colar **350 ml de caldo de pulpo** en una cacerola con 350 ml de agua hirviendo, echar **150 g de pasta** y cocerla siguiendo las instrucciones del paquete. Probar y sazonar a gusto, aliñar con un poco de **aceite de oliva extra virgen** y, por último, agregar un poco de **ají picante rojo seco en escamas molido**.

NONNA HALU

NOMENTANO | ROMA

Tuve el honor de asistir a una de las fiestas semanales del Sabbat que nonna
Halu y su familia celebran. Cocinando con ellos aprendí muchas cosas sobre
cómo han influido el espíritu y los sabores de Roma en su comida y su cultura tradicional. Halu y su familia huyeron de Libia hace más de cincuenta
años sin un céntimo en el bolsillo, para buscar refugio en Roma, donde ahora
hay una comunidad de judíos libios muy arraigada. Con ellos llegó su herencia
cultural, y hay que decir que lo que más nos recuerda nuestro hogar a menudo
gira alrededor de la comida y la mesa. Prueba a cocinar su delicioso guiso de
pescado de las páginas siguientes.

NONNA HALU

NOMENTANO | ROMA

Tuve el honor de asistir a una de las fiestas semanales del Sabbat que nonna Halu y su familia celebran. Cocinando con ellos aprendí muchas cosas sobre cómo han influido el espíritu y los sabores de Roma en su comida y su cultura tradicional. Halu y su familia huyeron de Libia hace más de cincuenta años sin un céntimo en el bolsillo, para buscar refugio en Roma, donde ahora hay una comunidad de judíos libios muy arraigada. Con ellos llegó su herencia cultural, y hay que decir que lo que más nos recuerda nuestro hogar a menudo gira alrededor de la comida y la mesa. Prueba a cocinar su delicioso guiso de pescado de las páginas siguientes.

GUISO DE PESCADO LIBIO

CUSCÚS CON MENTA Y COMINO TOSTADO

Las especias que nonna Halu y su familia usan son muy particulares. Halu me enseñó su plato estrella, un increíble guiso de pescado, y aquí he intentado recrearlo lo mejor que he podido para ti. Es maravillosamente sabroso.

PARA 4 PERSONAS | 55 MINUTOS

aceite de oliva

4 dientes de ajo

2 cebollas moradas

1 ají picante rojo fresco

1 cucharadita de comino
molido

1 cucharadita de kümmel
(carvi)

2 cucharadas de puré
de tomate

2 cucharaditas de harissa

2 limones

4 rodajas de mero de 200 g
cada una, escamadas

300 g de cuscús

1 cucharada de semillas
de comino

1 manojo de menta fresca
(30 g)

En una cacerola grande a fuego medio con 2 cucharadas de aceite, poner los ajos y las cebollas pelados y picados finos, y el ají picante en rodajas finas. Rehogar 10 minutos o hasta que empiece a caramelizarse, removiendo de vez en cuando. Añadir el comino molido y las semillas de kümmel; luego, al cabo de 3 minutos, incorporar el puré de tomate y la harissa. Agregar la ralladura fina de 1 limón, su jugo, 750 ml de agua y remover bien. Llevar a ebullición, tapar y cocer a fuego lento 20 minutos y destaparlo a media cocción, hasta que la salsa se reduzca.

Sazonar el pescado por ambos lados con sal marina, ponerlo en la salsa (las rodajas le aportan a la salsa el sabor extra de las espinas mientras se cocina el pescado, pero puedes usar filetes si lo prefieres). Tapar y cocer de 12 a 15 minutos o hasta que el pescado esté hecho (regar con la salsa a media cocción). Mientras, poner el cuscús en un bol, cubrirlo con agua hirviendo, taparlo con un plato y dejar que se hinche. Tostar las semillas de comino en una sartén sin grasa hasta que se doren. Reservar las hojas de menta más pequeñas y picar finamente el resto.

Mezclar la menta picada con el cuscús, probar y sazonar a gusto. Servir el cuscús y el guiso de pescado espolvoreado con las semillas de comino tostadas y las hojitas de menta, acompañar con gajos de limón para exprimir.

CALORÍAS	GRASAS	GRASAS SATURADAS	PROTEÍNAS	CARBOHIDRATOS	AZÚCAR	SAL	FIBRA
720 kcal	28,9 g	5,5 g	51,9 g	69,4 g	9,2 g	0,9 g	5,7 g

ACOMPAÑA-
MIENTOS

COLIFLOR ASADA

CEBOLLAS DULCES, ANCHOAS, ACEITUNAS Y VINO BLANCO

~~~~~~

Este espectacular plato tiene como protagonista una coliflor fresca y jugosa a la que se le concede todo el tiempo, amor y cuidado que se le daría a un corte de carne de primera. Gracias a ello, este plato puede ser tanto un fantástico acompañamiento como una increíble entrada con pan tostado, o incluso un plato principal por derecho propio, servido con pan, arroz o pasta.

PARA 4–8 PERSONAS | 2 HORAS

3 cebollas

aceite de oliva

6 filetes de anchoa en aceite

6 dientes de ajo

6 aceitunas verdes grandes
   (con carozo)

500 ml de vino blanco Gavi
   di Gavi

opcional: una pizca de azafrán

1 coliflor grande, con hojas

Precalentar el horno a 180 °C. Pelar y cortar en cuartos las cebollas, separarlas en pétalos y ponerlos en una cacerola honda de 20 cm que pueda ir al horno a fuego medio-fuerte. Añadir 1 cucharada de aceite de oliva y las anchoas, y remover de vez en cuando; pelar y cortar en láminas los ajos. Aplastar las aceitunas, dejando el carozo, y añadirlas a la cacerola con el ajo. Cocer y remover unos 2 minutos, verter el vino y añadir el azafrán, si se usa.

Cortar la base de la coliflor. Con un cuchillo afilado, marcar una cruz profunda en el tallo. Retirar solo las hojas exteriores marchitas y dejar el resto. Colocar la coliflor en la cacerola, con el tallo hacia abajo, y rociar con 1 cucharada de aceite. Verter una parte de las cebollas y de líquido encima de la coliflor, levantar el hervor y pasar la cacerola al horno. Cocer durante 1 hora 30 minutos o hasta que la coliflor esté tierna (comprobarlo pinchándola con un cuchillo). Rociar con los jugos de la cacerola dos veces durante la cocción.

Poner la coliflor en una fuente y, con una cuchara, verter por arriba las cebollas, las aceitunas y todos los jugos de la cacerola. Cortarla y servir.

CALORÍAS	GRASAS	GRASAS SATURADAS	PROTEÍNAS	CARBOHIDRATOS	AZÚCAR	SAL	FIBRA
260 kcal	9 g	1,4 g	8,6 g	17,2 g	13 g	0,8 g	6 g

CAPONATA DE ZANAHORIAS

PIÑONES, PASAS, CEBOLLAS Y VINAGRE

Un plato sorprendentemente delicioso que otorga todo el protagonismo a la zanahoria, una hortaliza que, con demasiada frecuencia, ha sido considerada de segunda fila. Cocinada como indicamos aquí se convierte en la protagonista del espectáculo y, probablemente, de toda la comida. Puede servirse caliente o fría, como guarnición o antipasto, con embutidos, quesos y pan, o con rúcula como ensalada.

PARA 8 PERSONAS | 1 HORA 20 MINUTOS

2 cebollas moradas

2 dientes de ajo

2 ají picante rojos frescos

aceite de oliva

1 kg de zanahorias baby
   de distintos colores

50 g de piñones

50 g de pasas

2 cucharadas de miel líquida

4 cucharadas de vinagre
   de vino tinto

Pelar y cortar en rodajas las cebollas y los ajos. Cortar los ajíes picantes por la mitad longitudinalmente y retirar las semillas. Rehogar todo en una sartén grande a fuego medio con 6 cucharadas de aceite, removiendo a menudo. Añadir las zanahorias limpias junto con los piñones, las pasas y una pizca de sal marina. Cocer aproximadamente 1 hora o hasta que las zanahorias estén tiernas y empiecen a caramelizarse (el tiempo puede variar según su tamaño). Remover a menudo y verter un poco de agua para que no se peguen, si fuera necesario.

Verter la miel y el vinagre, y mezclar bien. Cocer otros 5 minutos o hasta que esté brillante y ligeramente pegajoso. Probar, sazonar a gusto y ¡que aproveche!

CALORÍAS	GRASAS	GRASAS SATURADAS	PROTEÍNAS	CARBOHIDRATOS	AZÚCAR	SAL	FIBRA
225 kcal	14,5 g	1,8 g	2,4 g	22,2 g	20,7 g	0,3 g	4,1 g

VERDURAS ASADAS

BERENJENAS, MORRONES, ZUCCHINIS, HINOJO

No hay vegetal que no pueda ser extraordinariamente delicioso. Debes considerar los sencillos métodos que encontrarás a continuación como principios básicos que puedes modificar y mejorar como quieras. Consisten en aderezar cada hortaliza con buen aceite, condimentos, una hierba específica y un ingrediente ácido, y quizá añadir un golpe de efecto con ajo, alcaparras o aceitunas, y luego dejar que el horno haga todo el trabajo. Cada bocado será una sinfonía de sabores nítidos, definitivos y emocionantes. Disfrútalo como acompañamiento de carne o pescado, mezclado con ensalada o pasta, como parte de un antipasto para untar o incluso añadiéndolo a algún guiso en el último momento.

CADA RECETA PARA 4 PERSONAS | APROX. 1 HORA

BERENJENAS Precalentar el horno a 180 °C. Cortar **2 berenjenas grandes (400 g cada una)** longitudinalmente en cuñas y ponerlas en una fuente de horno en una sola capa. Machacar **1 diente de ajo** pelado con **1 pizca de ají picante rojo en escamas**, otra de sal marina y de pimienta negra en un mortero. Desleír con **4 cucharadas de aceite de oliva y 4 de vinagre de vino tinto**. Mojar **½ manojo de tomillo fresco (15 g)** en el aliño y untar las berenjenas. Reservar el tomillo. Hornear 45 minutos, esparcir el tomillo y hornear otros 10 minutos, o hasta que estén tiernas.

MORRONES Precalentar el horno a 180 °C. Cortar **4 morrones de distintos colores** en cuartos, retirar las semillas. Machacar las hojas de **1 ramita de orégano fresco** en un mortero con una pizca de sal marina y pimienta negra hasta obtener una pasta. Desleír con **4 cucharadas de aceite de oliva y 4 de vinagre de vino blanco**. Pelar y laminar finos **2 dientes de ajo**, mezclarlos en el aliño con **25 g de alcaparras pequeñas**. En una fuente de horno, mezclar el aliño con los morrones, ponerlos en una sola capa, hornearlos de 45 minutos a 1 hora, o hasta que se ablanden.

ZUCCHINIS Precalentar el horno a 180 °C. Machacar las hojas de **½ manojo de albahaca fresca (15 g)** en un mortero con una pizca de sal marina hasta obtener una pasta. Desleír con **4 cucharadas de aceite de oliva** y el jugo de **1 limón**, añadir **1 ají picante rojo fresco**, laminada fina. Cortar en trozos **4 zucchinis de distintos colores**, mezclar con el aliño en una fuente de horno, ponerlos en una sola capa y asarlos de 45 minutos a 1 hora, o hasta que estén hechos.

HINOJO Precalentar el horno a 180 °C. Descarozar **12 aceitunas negras**. Mezclar con **4 cucharadas de aceite de oliva**, el jugo de **1 limón**, **una pizca de ají picante rojo en escamas** y **1 cucharadita de semillas de hinojo**, probar y sazonar. Cortar **2 bulbos de hinojo longitudinalmente en 8 cuñas. Mezclarlo con el aliño y 1 limón en cuartos** en una fuente de horno, ponerlo en una sola capa, tapar con papel de aluminio y hornear 30 minutos. Destapar y asar otros 30 minutos. Exprimir por arriba el jugo de limón asado y servir.

ESPÁRRAGOS

PESTO DE ALMENDRAS, TOMATE SECO Y PECORINO

~~~~~~

Hacerse uno mismo el pesto es muy gratificante, pues se consigue un sabor intenso y elegante que nunca ofrecen los pestos comprados. Disfrútalo con carnes o pescados asados o a la parrilla, o incluso como aperitivo o entrante. El pesto también es excelente con alcauciles, brócoli morado, repollo crespo o zucchinis pequeños.

PARA 4 PERSONAS | 25 MINUTOS

2 limones

½ diente de ajo

50 g de almendras peladas

50 g de tomates secos

1 manojo de albahaca fresca
    (30 g)

aceite de oliva extra virgen

30 g de pecorino o parmesano

2 manojos de espárragos
    (700 g en total)

Rallar fina la cáscara de 1 limón en un mortero. Añadir el ajo pelado, las almendras y los tomates secos. Machacarlo bien hasta obtener una pasta. ¡Échale un poco de ganas! Reservar las hojitas pequeñas de albahaca, añadir el resto al mortero y aplastar bien. Desleír con 4 cucharadas de aceite y el jugo de 1 limón. Rallar casi todo el pecorino, mezclar, probar y sazonar a gusto con sal marina y pimienta negra.

Cortar y desechar la parte leñosa de los espárragos, cocerlos unos 3 minutos en una cacerola con agua salada hirviendo a fuego fuerte. Escurrir y repartirlos entre los platos. Añadir una buena cucharada de pesto en cada plato, rallar por encima el resto del pecorino y esparcir las hojitas de albahaca. Servir con gajos de limón para exprimir por arriba. El pesto sobrante puede guardarse en la heladera hasta 3 días.

CALORÍAS	GRASAS	GRASAS SATURADAS	PROTEÍNAS	CARBOHIDRATOS	AZÚCAR	SAL	FIBRA
323 kcal	28,9 g	4,8 g	10,1 g	5,8 g	4,5 g	0,7 g	3,1 g

GARBANZOS

PARA 6-8 PERSONAS | 50 MINUTOS

Cortar fina la parte blanca de **1 puerro** (guardar la parte verde para otra receta). Ponerla en una cacerola grande a fuego suave con **2 cucharadas de aceite de oliva** y 2 de agua. Rehogar 15 minutos, removiendo a menudo. Verter **2 tarros de 700 g de garbanzos** (con su jugo), llenar medio tarro con agua, verterla y subir el fuego. Pelar y añadir **4 dientes de ajo enteros**, cocer otros 30 minutos o hasta que se reduzca y tenga consistencia de salsa. Picar **6 ramitas de perejil**, añadirlas a la cacerola, sazonar a gusto y al final añadir un chorrito de **aceite de oliva extra virgen prensado en frío**.

POROTOS COLORADOS

PARA 6-8 PERSONAS | 2 HORAS, MÁS EL REMOJO

En una cacerola grande, cubrir **500 g de porotos colorados** con agua fría (6 cm por encima de los porotos) y dejar en remojo toda la noche. Al día siguiente, poner la cacerola a fuego medio-suave. Pelar y añadir **6 dientes de ajo enteros**, **1 papa** y **2 cucharadas de puré de tomate seco**. Tapar y cocer a fuego lento de 1 a 2 horas, o hasta que estén tiernas, removiendo de vez en cuando y añadiendo agua si fuera necesario. Retirar la papa y el ajo, aplastarlos y ponerlos de nuevo en la cacerola. Sazonar a gusto. Destapar y reducir a la consistencia deseada. Freír **10 hojas de salvia fresca** en un poco de **aceite de oliva** hasta que estén crujientes, echar las hojas y el aceite encima de los porotos y servir.

LENTEJAS VERDES DE PUY

PARA 8 PERSONAS | 25 MINUTOS

Lavar **500 g de lentejas verdes de Puy**, ponerlas en una cacerola, cubrir con agua fría, llevar a ebullición, cocer a fuego lento 20 minutos o hasta que estén tiernas. Mientras, cortar en tiras **100 g de guanciale o panceta ahumada** y ponerlos en una sartén grande. Rehogar a fuego medio para que suelte la grasa. Añadir **1 cebolla** y **2 dientes de ajo** en láminas finas. Sofreír 15 minutos, removiendo a menudo. Añadir **8 cucharadas de aceto balsámico** y cocer hasta que esté caramelizado. Escurrir y añadir las lentejas, mezclar en el fuego 2 minutos y sazonar a gusto. Añadir **1 radicchio** en juliana fina y servir.

VERDURAS REHOGADAS

PARA 4–6 PERSONAS | 20 MINUTOS

Lavar **500 g de verduras variadas** (kale, repollo crespo, espinacas, ortigas, acelgas, rúcula, hierbas aromáticas), retirar los tallos gruesos y cortar los tiernos. Pelar y cortar en finas láminas **4 dientes de ajo** y ponerlos en una cacerola grande a fuego medio-fuerte con **2 cucharadas de aceite de oliva**, **1 cucharada de manteca** y **una buena pizca de ají picante rojo seco en escamas**. Rehogar hasta que se doren, añadir los tallos tiernos y cocer 3 minutos. Añadir las verduras más gruesas y, al cabo de 3 minutos, las más delicadas. Rehogarlas a fuego suave 3 minutos más, sazonar a gusto y terminar con un chorrito de **vinagre de vino blanco**.

EL MERCADO DE LAS NONNAS

SAN GIOVANNI DI DIO | ROMA

Cocinar con estas maravillosas mujeres —nonna Maria, nonna Lida, otra nonna Maria y otras encantadoras señoras, tantas que perdí la cuenta en el absoluto caos del mercado— fue tan asombroso como el lugar en sí. Parecía una competición sobre cuánto tiempo seguido podíamos estar cocinando cada uno y qué técnicas utilizábamos, lo que, al fin y al cabo, demuestra que la comida es un tema emocional; es decir, cada uno tiene sus propios matices y maneras de hacer las cosas. Pero si hay algo seguro es que todas ellas elaboraron platos muy sabrosos y compartieron con nosotros muchos conocimientos y una gran inspiración.

ZUCCHINIS HERMOSOS

GUANCIALE, PEREJIL Y TOMATES DULCES

Disfruté de este colorido plato en el antiguo mercado de frutas y verduras de las afueras de Roma. Es un lugar bullicioso, pero muy acogedor, de modo que todos los visitantes se sienten a gusto en él. Lo que me encanta es cómo una combinación tan simple de buenos ingredientes consigue que los comensales toquen el cielo. Es una comida barata, sabrosa y sin complicaciones, y el resultado es superversátil, lo que significa que puede disfrutarse como acompañamiento, como antipasto, mezclado con pasta, sobre una *bruschetta* o incluso al horno en una *frittata*.

PARA 4-8 PERSONAS | 30-55 MINUTOS

aceite de oliva

1 diente de ajo

50 g de guanciale (papada de cerdo curada) o panceta ahumada en un trozo

4 zucchinis firmes

200 g de tomates cherry de rama

4 ramitas de perejil

Poner una sartén grande a fuego fuerte con 1 cucharada de aceite. Pelar y aplastar el diente de ajo y añadirlo a la cacerola, moviéndolo alrededor para aromatizar el aceite. Cortar el guanciale en tiras de 1 cm y agregar a la cacerola para que suelten la grasa. Limpiar los zucchinis, cortarlos por la mitad longitudinalmente y luego en trozos de 2 cm. Añadirlos a la cacerola, sazonar con un poco de sal marina y una buena pizca de pimienta negra. Cortar los tomates por la mitad o en cuartos, quitar las semillas y agregar a la cacerola junto con las hojas de perejil picadas.

Reducir a fuego medio y cocer 15 minutos o hasta que los zucchinis estén tiernos, removiendo de vez en cuando. Así se obtiene un plato de zucchinis fresco y delicioso, lleno de vida, como lo hizo nonna Maria. También se puede bajar el fuego al mínimo y cocerlos 40 minutos, para obtener un sabor más profundo, dulce y afrutado, y añadir un chorrito de agua si fuera necesario. Ambas recetas son deliciosas y permiten degustar los zucchinis en todo su esplendor. Justo antes de servir, probar y rectificar la sazón.

CALORÍAS	GRASAS	GRASAS SATURADAS	PROTEÍNAS	CARBOHIDRATOS	AZÚCAR	SAL	FIBRA
122 kcal	8,3 g	2,2 g	6,5 g	5,6 g	5,3 g	0,7 g	0,7 g

ALCAUCILES A LA ROMANA

RELLENAS CON PAN RALLADO CON AJO Y HIERBAS, Y COCIDAS EN VINO BLANCO

Los alcauciles a la romana, o *carciofi alla romana,* son un plato clásico italiano muy habitual y atractivo. Estas maravillas se sirven con carne o pescado a la parrilla, o como antipasto sobre unos crostini con mozzarella, o incluso se utilizan en un risotto como primer plato. El método es interesante, porque los alcauciles se fríen y toman color; luego se añade el vino, lo que los cocina al vapor y las ablanda a medida que se evapora, y los alcauciles empiezan a freírse de nuevo. Da unos resultados fantásticos.

PARA 6-12 PERSONAS | 1 HORA 30 MINUTOS

12 alcauciles morados
  italianos grandes

2 limones para los alcauciles

1 cabeza de ajo

1 manojo de perejil (30 g)

6 filetes de anchoa en aceite

1 manojo de menta fresca
  (30 g)

1 limón

1 rebanada gruesa de pan
  casero duro

aceite de oliva extra virgen

aceite de oliva

300 ml de vino blanco Frascati

8 aceitunas variadas
  (con carozo)

Preparar los alcauciles (véase pág. 382). Pelar y picar los ajos, y ponerlos en una multiprocesadora con el perejil (con los tallos) y las anchoas. Añadir las hojas de menta, la ralladura de limón, el pan troceado, 1 cucharada de aceite de oliva extra virgen y una pizca de sal marina y pimienta negra, triturar hasta que esté fino (o picarlo a mano si se prefiere).

Rellenar el centro de los alcauciles con esta mezcla, apretándola bien. Poner una cacerola honda de fondo grueso a fuego medio con 4 cucharadas de aceite de oliva, añadir los alcauciles rellenos boca abajo. Rehogar hasta que empiecen a dorarse, intentando no mover demasiado los alcauciles: levanta solo uno para comprobar el dorado. Verter el vino para parar la cocción. Descarozar y añadir las aceitunas, tapar con un papel de horno estrujado, poner una tapa dejando la cacerola entreabierta y cocer 20 minutos.

Retirar la tapa y el papel, empujar suavemente los alcauciles hacia abajo para aumentar su superficie de contacto, reducir el fuego al mínimo y cocer hasta que el vino se evapore por completo y los alcauciles empiecen a freírse de nuevo, hasta que estén dorados y crujientes. Ponerlos en una fuente caliente y esparcir por arriba el relleno que se haya caído en la cacerola. Me gusta añadir un chorrito de agua y aceite de oliva a la cacerola para raspar todos los restos que se hayan pegado en el fondo, verterlo sobre los alcauciles y servir.

CALORÍAS	GRASAS	GRASAS SATURADAS	PROTEÍNAS	CARBOHIDRATOS	AZÚCAR	SAL	FIBRA
243 kcal	12,5 g	2 g	13,8 g	17 g	6 g	1,3 g	0,8 g

FOCACCIA RELLENA

HABAS, LIMÓN, PECORINO Y HIERBAS FRESCAS

Hoy la focaccia sigue siendo uno de los tipos de pan que más me gusta hacer. Al rellenarlo obtenemos más texturas, más capas, más contraste entre lo suave y lo esponjoso por un lado, y lo crujiente y crocante por el otro, y sacamos buen partido de las habas cuando es temporada.

PARA 12 PERSONAS | 1 HORA, MÁS LEUDADO

500 g de harina 000,
y un poco más para
espolvorear

7 g de levadura seca

aceite de oliva

750 g de habas con vaina

4 dientes de ajo

1 manojo de perejil (30 g)

aceite de oliva extra virgen

50 g de pecorino o parmesano

1 limón

30 g de pan rallado fino

Poner la harina y 5 g de sal marina en un bol grande y hacer un pozo en el centro. En una jarra, mezclar la levadura con 300 ml de agua templada, dejarla unos minutos, verterla de a poco en el pozo, mezclando e incorporando la harina para obtener una masa. Amasarla sobre una superficie enharinada 10 minutos o hasta que esté suave y elástica. Poner la masa en un bol ligeramente untado con aceite, tapar con un paño de cocina húmedo y dejar leudar en un lugar templado 1 hora o hasta que doble su volumen. Mientras, desgranar las habas en un bol y pelar las más grandes. Pelar los ajos, picarlos finos con las hojas de perejil y añadir al bol con 75 ml de aceite de oliva extra virgen, el pecorino y la cáscara de limón rallados, y el jugo de limón. Sazonar, mezclar y reservar.

Untar con aceite una fuente de horno honda (30 × 40 cm) y espolvorearla con el pan rallado. Golpear con el puño la masa unas cuantas veces y estirarla hasta obtener un rectángulo de 30 × 80 cm. Colocar la mitad de la masa en la fuente dejando que el resto cuelgue. Verter la preparación de habas en una capa uniforme y reservar un poco de aceite. Doblar la masa colgante por arriba, rociar con el aceite reservado; luego, con los dedos, empujar la masa hacia abajo suavemente para formar pozos y huecos en la superficie. Tapar con un paño de cocina limpio y húmedo, y dejar levar hasta que doble su volumen.

Precalentar el horno a 220 °C. Espolvorear la masa con sal marina y hornear 25 minutos o hasta que esté dorada y cocida. Dejar enfriar sobre una tabla, cortar y degustar. ¡Pura delicia!

CALORÍAS	GRASAS	GRASAS SATURADAS	PROTEÍNAS	CARBOHIDRATOS	AZÚCAR	SAL	FIBRA
256 kcal	8,4 g	1,9 g	9,9 g	37,5 g	1,6 g	1 g	5,3 g

PAGNOTTA

UN PAN DE SÉMOLA CRUJIENTE Y DELICIOSO

~~~~~~

En Italia, la *pagnotta,* con su gruesa corteza y su esponjoso interior, es un pan típico para todos los días. He desarrollado esta receta para que sea divertida, fácil y dé buenos resultados al hacerla en casa. Requiere algo de tiempo, pero solo cuando se está aprendiendo, y vale la pena, pues este pan es realmente una delicia. El color y el sabor de la sémola son fantásticos, y el pan resultante es maravilloso para todos los usos, ya sea fresco, tostado o incluso duro.

PARA 1 HOGAZA GRANDE | 1 HORA 10 MINUTOS, MÁS TODA LA NOCHE DE LEUDADO

500 g de sémola fina y un
  poco más para espolvorear

500 g de harina 000 y un
  poco más para espolvorear

17 g de levadura seca

Poner las dos harinas y la levadura en el bol de una amasadora. Añadir 20 g de sal marina y 750 ml de agua templada, y amasar 10 minutos, parando de vez en cuando para limpiar las paredes con una espátula de goma; la mezcla todavía está muy húmeda. Quitar el accesorio de amasar, tapar el bol con un paño de cocina húmedo y dejar levar a temperatura ambiente en un lugar sin corrientes de aire toda la noche (por lo menos 16 horas).

Al día siguiente, la masa todavía estará húmeda, pero debería ser maleable. Sobre una superficie limpia espolvoreada con harina, formar un bollo y ponerlo en un bol metálico enharinado. Tapar de nuevo con un paño de cocina húmedo y dejar levar en un lugar templado (no caliente) durante 3 horas o hasta que casi duplique su volumen.

Para obtener los mejores resultados, poner una olla grande y con tapa en el horno (o una cacerola de bordes altos) y precalentar el horno a temperatura máxima (240 °C). Colocar la masa sobre un papel de horno espolvoreado con sémola. Espolvorear y frotar con sémola la parte superior de la masa, cortarla con un cuchillo afilado para que se hinche y se expanda al cocer. Levantar las cuatro esquinas del papel (mejor si alguien te ayuda) y colocar el papel con la masa en la olla caliente. Tapar y hornear 20 minutos. Destapar y hornear 25 o 30 minutos más, o hasta que el pan suba, esté dorado y la base suene hueca cuando se golpea. Dejar enfriar sobre una rejilla antes de cortarlo.

			ESTOS VALORES SE BASAN EN 1 REBANADA				
CALORÍAS	GRASAS	GRASAS SATURADAS	PROTEÍNAS	CARBOHIDRATOS	AZÚCAR	SAL	FIBRA
195 kcal	0,8 g	0,2 g	6,4 g	43,2 g	0,6 g	1,1 g	1,6 g

PAGNOTTA

UN PAN DE SÉMOLA CRUJIENTE Y DELICIOSO

MASA DE PIZZA NAPOLITANA

CRUJIENTE, DELGADA, ESPONJOSA Y DELICADA

Después de muchas investigaciones, esta es mi conclusión sobre la base de pizza napolitana clásica, y da muy buenos resultados en casa. El método puede parecer un poco al revés, pero los napolitanos comienzan con el líquido y luego agregan los ingredientes secos. Usar una piedra de pizza en un horno convencional da unos resultados fantásticos, pero un horno de leña le da un toque más auténtico.

PARA 6 BASES DE PIZZA | 45 MINUTOS, MÁS LEUDADO

1 kg de harina tipo 00, y un poco más para enharinar

7 g de levadura seca

aceite de oliva

Verter 700 ml de agua templada en un bol grande con 10 g de sal marina. De a poco, añadir un puñado de harina, mezclar con el agua y empezar la masa. Incorporar la levadura y dejarla 2 minutos. Seguir mezclando el 90 % de la harina restante hasta obtener una masa elástica y lisa. Poner el resto de la harina sobre una superficie limpia y amasar durante 20 minutos o hasta que esté flexible y suave (o 10 minutos en una amasadora con el gancho de amasar). Ponerla en un bol enharinado, tapar con un paño de cocina húmedo y dejar levar 1 hora o hasta que duplique su volumen. Eliminar el aire con los puños, enrollar en forma de salchicha, cortar en 6 partes iguales y formar un bollo con cada una, doblando los bordes por debajo. Colocarlos sobre una bandeja engrasada, rociar con aceite, tapar con film y un paño, y dejar leudar toda la noche en la heladera (para obtener mejor sabor y una masa más relajada).

Precalentar el horno a temperatura máxima (240 °C) y poner una piedra para pizza dentro. Con una espátula, poner un bollo de masa sobre una superficie enharinada. Presionar el bollo, formar un disco gordo, girarlo y estirarlo hasta que tenga 30 cm de diámetro. Extenderlo sobre la parte posterior de los puños y colocarlo sobre una pala de pizza o una tabla enharinada. La masa debe ser algo más gruesa en los bordes. Darle la forma y agitarla para comprobar que se mueve libremente. Trabajando deprisa, añadir los ingredientes elegidos (puedes ver mis preferidos en las páginas siguientes). Pasarla a la piedra y cerrar el horno para mantener el calor. Pasados 7 u 8 minutos estará dorada, crujiente y lista para comer.

CALORÍAS	GRASAS	GRASAS SATURADAS	PROTEÍNAS	CARBOHIDRATOS	AZÚCAR	SAL	FIBRA
569 kcal	2,6 g	0,1 g	23,8 g	112,7 g	2,6 g	1,7 g	4,3 g

MARGHERITA CLÁSICA

Los napolitanos no se andan con rodeos: hacen una salsa de tomate maravillosamente sencilla, sin aditivos y fresca, por lo que comprar tomates en conserva de calidad es imprescindible. Estrujar los **tomates perita en conserva** con las manos limpias y cubrir la base de la pizza con una cuchara. Poner unas **hojas de albahaca fresca**, **mozzarella** troceada y **parmesano** rallado. Rociar con un poco de **aceite de oliva**, hornear y añadir más hojas de albahaca.

MARGHERITA CLÁSICA

Los napolitanos no se andan con rodeos: hacen una salsa de tomate maravillosamente sencilla, sin aditivos y fresca, por lo que comprar tomates en conserva de calidad es imprescindible. Estrujar los **tomates perita en conserva** con las manos limpias y cubrir la base de la pizza con una cuchara. Poner unas **hojas de albahaca fresca**, **mozzarella** troceada y **parmesano** rallado. Rociar con un poco de **aceite de oliva**, hornear y añadir más hojas de albahaca.

Extender la **salsa de tomate** (véase pág. 302), esparcir **ricota** mezclada con **hojas de mejorana fresca**, **parmesano o pecorino** rallado y **ralladura de limón**. Añadir **zucchinis baby** aliñados con **aceite de oliva** y **jugo de limón**, rociar un poco más de **aceite de oliva** y hornear.

Mezclar **uva roja y negra**, **hojas de romero fresco** y **cebolla morada** en finas láminas con **aceite de oliva**, ponerlo encima de la base de pizza con **piñones**, **pecorino** rallado, **mozzarella** troceada y un chorrito de **miel líquida**. Aliñar con un poco de **aceite de oliva** y hornear.

Cubrir la base de pizza con **salsa de tomate** (véase pág. 302), esparcir unas **hojas de romero fresco** mezcladas con un poco de **aceite de oliva**. Desmenuzar **'nduja picante**, espolvorear con **parmesano** rallado, aliñar con más **aceite de oliva** y hornear.

Cubrir la base de pizza con **salsa de tomate** (véase pág. 302), poner **ramitos de brócoli** escaldados y fritos con **ajo**, **ají picante fresco**, **aceitunas negras (descarozadas)** y **carne de salchicha**. Esparcir **queso provolone**, aliñar con un poco de **aceite de oliva** y hornear.

NONNA FERNANDA

QUARTIERI SPAGNOLI | NÁPOLES

Nonna Fernanda es una leyenda local. Nacida y criada en el barrio, desde niña ha cocinado *pizza fritta*, lo más en comida callejera y la pizza original, en el mismo lugar. Estoy seguro de que su fogosa actitud napolitana es lo que ha mantenido funcionando el negocio familiar, fundado hace más de un siglo, además de su corazón de oro. Sus clientes habituales nunca la abandonan.

PIZZA FRITTA

RELLENA CON RICOTA, PARMESANO, MOZZARELLA Y ALBAHACA

La *pizza fritta* es una de las formas más antiguas de pizza, la clásica comida callejera de Nápoles, donde era más fácil cocinar con aceite que manejando un horno de leña. La textura es casi como la de una rosquilla por fuera y cremosa en el centro. Puedes modificar este sencillo relleno añadiéndole cualquiera de tus ingredientes favoritos para que se derrita suavemente en su interior.

PARA 12 PIZZAS | 1 HORA

1 masa de pizza napolitana
  (véase pág. 300)

salsa de tomate
  (véase pág. 372)

harina tipo 00 para
  enharinar

100 g de parmesano

500 g de ricota de calidad

400 g de mozzarella

1 manojo de albahaca fresca
  (30 g)

2 litros de aceite vegetal
  para freír

Elaborar la masa (véase pág. 300), dejándola leudar 1 hora, en lugar de una noche, y la salsa de tomate (véase pág. 372). Sobre una superficie enharinada, dividir la masa en 12 bollos, enharinarlas, tapar con un paño de cocina húmedo y dejar reposar 10 minutos.

De a uno, presionar el bollo de masa con los dedos, estirándolo y aplanándolo en un círculo de 15 cm. Batir el parmesano rallado con la ricota y añadir una cucharada colmada al círculo de masa. Trocear un poco de mozzarella, sazonar, poner encima unas hojas de albahaca y doblar la masa para que no salga el relleno. Presionar los bordes para pegarlos, doblando la masa si fuera necesario, ¡como si fueran raviolis! Repetir.

Calentar el aceite vegetal en una cacerola grande de fondo grueso a fuego medio-fuerte. Echar un trocito de papa; cuando esté dorado y suba a la superficie, el aceite está listo. No soy amante de los fritos, pero aquí es imprescindible para obtener el mejor resultado. Trabajando en tandas, freír dos pizzas 1½ minutos de cada lado o hasta que se doren. Dejarlas en una fuente con papel de cocina para escurrir el exceso de aceite. Dejar que el aceite tome de nuevo temperatura antes de freír otras dos. Calentar la salsa de tomate y servirla a un lado para mojar. Esparcir unas hojas de albahaca fresca por arriba de las pizzas y servir.

CALORÍAS	GRASAS	GRASAS SATURADAS	PROTEÍNAS	CARBOHIDRATOS	AZÚCAR	SAL	FIBRA
640 kcal	32,4 g	11,2 g	26,3 g	60,9 g	5,1 g	1,7 g	2,9 g

FOCACCIA

CON CHICHARRONES DE CERDO, ORÉGANO, SAL MARINA Y NUECES

La focaccia se puede hacer para cubrir una bandeja entera o darle una forma redonda, como en nuestro caso. Me encanta la forma en que puedes cambiar y mejorar los ingredientes según la estación del año o la disponibilidad. Aquí destacan las nueces y el orégano, así como los crujientes chicharrones de cerdo, lo que eleva la ya de por sí contundente focaccia hasta un nuevo nivel.

PARA 12 PERSONAS | 1 HORA, MÁS LEUDADO

7 g de levadura seca

1 manojo de orégano fresco
(30 g)

50 g de grasa de cerdo
(pídela en la carnicería)

500 g de harina 000,
y un poco más para
enharinar

aceite de oliva

50 g de cuero de cerdo
(pídela en la carnicería)

30 g de pan rallado fino

25 g de nueces sin cáscara

Precalentar el horno a 220 °C. En una jarra, mezclar la levadura con 300 ml de agua templada. En una multiprocesadora, poner la mitad de las hojas de orégano con la grasa de cerdo y triturar fino. Añadir la harina, 5 g de sal marina y la mezcla de levadura. Triturar de nuevo hasta que empiece a formarse un bollo de masa. Amasarlo sobre una superficie enharinada 5 minutos o hasta que esté suave y elástico. Ponerlo en un bol untado con aceite, tapar con un paño de cocina húmedo y dejar leudar en un lugar templado 1 hora o hasta que duplique su volumen. Mientras, poner el cuero de cerdo en una fuente de horno y asarlo 30 minutos o hasta que esté dorado y se hinche. Poner los chicharrones en un plato, espolvorear el pan rallado en la grasa de la fuente y dejar enfriar.

Golpear la masa unas cuantas veces con los puños, estirarla en un círculo grande de unos 2 cm de grosor. Hacer un círculo del mismo tamaño que la masa con el pan rallado de la fuente y colocar la masa encima. Con los dedos, empujar la masa hacia abajo para formar pozos y huecos. Cortar en trozos pequeños los chicharrones y echarlos por arriba. Empujarlos en la superficie. Tapar de nuevo y dejar leudar otra hora, hasta que duplique su volumen.

Hornear la focaccia de 25 a 30 minutos, o hasta que esté cocida y dorada. Desmenuzar las nueces y esparcir por arriba las hojas de orégano restantes aliñadas con aceite. Espolvorear con una pizca de sal marina. Hornear de nuevo 5 minutos, retirar del horno y dejar enfriar antes de cortarla y servirla.

CALORÍAS	GRASAS	GRASAS SATURADAS	PROTEÍNAS	CARBOHIDRATOS	AZÚCAR	SAL	FIBRA
209 kcal	6,3 g	1,7 g	7,4 g	32,7 g	0,7 g	0,6 g	1,6 g

TORTA DE VERDURAS

MASA DE ACEITE DE OLIVA, PASAS, ACEITUNAS Y PIÑONES

Lo habitual es tomar una porción de esta deliciosa torta rellena como antipasto, aunque también puede constituir un delicioso almuerzo. Además es deliciosa servida fría al día siguiente. Cocinar las verduras hasta que estén oscuras y densas aporta una increíble intensidad de sabor, que combina de maravilla con el dulzor de las pasas y las cebollas, y el sabor salado de las aceitunas y las anchoas. Elije las verduras de hoja verde propias de la estación del año.

PARA 10-12 PERSONAS | 1 HORA 40 MINUTOS

½ masa de aceite de oliva
(véase pág. 380)

6 dientes de ajo

6 filetes de anchoa en aceite

aceite de oliva

¾ de cucharadita de ají
picante rojo en escamas

2 cebollas moradas

1,2 kg de verduras de
hojas verdes variadas, como
espinacas, acelgas, rúcula,
hierbas aromáticas, ortigas

50 g de aceitunas (con carozo)

75 g de pasas de uva
rubias o negras

75 g de piñones

50 g de parmesano

1 huevo grande

Empezar haciendo la masa de aceite de oliva (véase pág. 380). Para el relleno, rehogar los ajos pelados y cortados en láminas finas con las anchoas en una cacerola grande y honda, a fuego medio, con 6 cucharadas de aceite y el ají picante. Remover de vez en cuando. Añadir las cebollas en láminas finas y rehogarlas removiendo a menudo. Limpiar las hojas verdes desechando los tallos duros (las pencas de las acelgas pueden picarse y añadirse a la cacerola). Lavar bien todas las hojas y picarlas.

Descarozar las aceitunas y cortarlas en trozos para agregarlas en la cacerola. Añadir las hojas en tandas, las pasas y los piñones. Cocerlas 25 minutos o hasta que adquieran un tono verde oscuro intenso y se evapore el agua, removiendo a menudo. Agregar el parmesano rallado, probar y comprobar la sazón, dejar enfriar. Precalentar el horno a 180 °C.

Estirar la mitad de la masa en un círculo de 30 cm y 3 mm de grosor, y enroscarla en el palo de amasar. Desenrollarla sobre un molde antiadherente de fondo desmontable de 23 cm, con las paredes y los bordes forrados. Verter el relleno, estirar la masa restante y colocarla encima, pellizcándola para cerrar los bordes y recortar la masa sobrante. Estirar los recortes y cortar tiras para hacer un enrejado que cubra la torta, con el huevo batido pegar las piezas y pintar la superficie, hornear en la parte inferior del horno 1 hora o hasta que se dore. Dejar enfriar un poco, desmoldar, cortar y servir.

CALORÍAS	GRASAS	GRASAS SATURADAS	PROTEÍNAS	CARBOHIDRATOS	AZÚCAR	SAL	FIBRA
557 kcal	33,8 g	5,4 g	16,6 g	47,6 g	9,6 g	1,2 g	3,2 g

TARALLI

CRUJIENTES MINIRROSQUITAS ITALIANAS CON HINOJO Y SAL

Los *taralli* son unas pequeñas rosquitas muy habituales en el sur y se disfrutan como tentempié o como base para untar en los antipasti. Me encanta la forma en que algunas personas las rehidratan en agua para que vuelvan a ablandarse y luego las sirven con ingredientes sencillos y realmente atractivos. Me he divertido imaginando multitud de variaciones con ellas, como podrás ver en las siguientes páginas, y espero que tú también lo hagas.

PARA 12 TARALLI | 1 HORA 20 MINUTOS, MÁS LEUDADO Y ENFRIADO

3,5 g de levadura seca

1 cucharada de semillas de hinojo

300 g de harina tipo 00 y un poco más para enharinar

300 g de sémola fina

125 ml de prosecco

aceite de oliva extra virgen

vinagre de vino blanco

En una jarra, cubrir la levadura con 125 ml de agua templada. Machacar las semillas de hinojo, 1 cucharadita al ras de sal marina y una buena pizca de pimienta negra en un mortero hasta que esté fino y ponerlo en un bol grande con las dos harinas. Añadir la mezcla de levadura, el prosecco y 100 ml de aceite. Amasar sobre una superficie enharinada hasta que la masa esté suave y elástica. Poner de nuevo en el bol, tapar con un paño de cocina húmedo y dejar leudar en un lugar templado 1 hora.

Dividir la masa en 12 bollos iguales y formar un cilindro de 18 cm de largo con cada uno. Enrollar cada uno alrededor de sí mismo como un aro, presionando y pegando los extremos con un poco de agua. Dejar leudar en una fuente forrada con papel de horno 30 minutos.

Precalentar el horno a 180 °C. En tandas, cocer los taralli 10 minutos en una cacerola con agua, darlos vuelta a media cocción y dejarlos secar sobre un paño. Pasarlos a dos bandejas forradas con papel de horno y hornear 30 o 35 minutos, hasta que se doren, cambiando de sitio las bandejas a media cocción.

Una vez fríos, se pueden comer tal cual, o, si quieres pasarlo bien, córtalos por la mitad, déjalos secar encima de rejillas al sol o en el horno a baja temperatura. Para comerlos, rehidratar los taralli: añadir una pizca de sal, 1 cucharada de aceite y otra de vinagre en un bol con agua. Remojarlos durante 1 minuto, escurrirlos en una rejilla. ¡Solo falta con qué acompañarlos! Inspírate en las páginas siguientes.

CALORÍAS	GRASAS	GRASAS SATURADAS	PROTEÍNAS	CARBOHIDRATOS	AZÚCAR	SAL	FIBRA
257 kcal	9,2 g	1,2 g	6,3 g	36,9 g	1,1 g	0,5 g	1,4 g

PAN DE MOZZARELLA

SCAMORZA AHUMADA, ACEITUNAS VERDES, ALCAPARRAS Y ORÉGANO

De este maravilloso pan italiano todo me hace feliz, pues es extraordinariamente delicioso. Las aceitunas y las alcaparras crean una auténtica sinfonía de aromas y unidas a un buen condimento y a la increíble untuosidad de los quesos, el resultado es aún mucho mejor que una pizza. Haz este pan y verás que muy pronto desaparece.

PARA 12 PERSONAS | 1 HORA 15 MINUTOS, MÁS LEUDADO

4 cucharadas de alcaparras
 pequeñas en salmuera

500 g de harina 000,
 y un poco más para
 enharinar

7 g de levadura seca

aceite de oliva

250 g de aceitunas verdes
 grandes (con carozo)

1 manojo grande de orégano
 fresco o tomillo (60 g),
 si es posible con flores

60 g de parmesano

aceite de oliva extra virgen

2 cucharadas de vinagre
 de vino blanco

2 bolas de mozzarella
 de búfala de 125 g cada una

200 g de scamorza ahumada

Remojar las alcaparras en un bol con agua. Poner la harina y 5 g de sal marina en un bol grande y hacer un pozo en el centro. En una jarra, mezclar la levadura con 300 ml de agua templada, verterla de a poco en el pozo, removiendo e incorporando la harina para obtener una masa. Amasarla sobre una superficie enharinada 10 minutos o hasta que esté suave y elástica. Ponerla en un bol untado con aceite, tapar con un paño de cocina húmedo y dejar leudar en un lugar templado 2 horas o hasta que duplique su volumen. Mientras, descarozar y machacar las aceitunas con las alcaparras escurridas, la mitad de las hojas de orégano y una pizca de sal marina en un mortero, hasta obtener una pasta. Añadir el parmesano rallado, dos pizcas de pimienta negra, desleír con 6 cucharadas de aceite de oliva extra virgen y el vinagre.

Sobre una superficie enharinada, estirar la masa en forma de rectángulo de 30 × 60 cm. Extender por arriba la mezcla de aceitunas, la mozzarella y la scamorza en trozos. Empezando por un lado largo, enrollar la masa formando una salchicha. Untar con aceite y enharinar una cacerola o fuente de horno grande, apretar bien la masa y cortarla en rodajas de 5 cm, y ponerlas enrolladas como un caracol dentro de la olla. Poner las ramitas de orégano alrededor y rociar con un poco de aceite de oliva. Dejar leudar 1 hora o hasta que duplique su volumen. Precalentar el horno a 200 °C.

Colocar la olla en medio del horno unos 30 minutos o hasta que el pan se dore. Dejar reposar por lo menos 15 minutos antes de degustarlo.

CALORÍAS	GRASAS	GRASAS SATURADAS	PROTEÍNAS	CARBOHIDRATOS	AZÚCAR	SAL	FIBRA
345 kcal	18,1 g	5,1 g	14,4 g	31,7 g	0,9 g	1,5 g	1,3 g

NONNA TITTA

PROCIDA | NÁPOLES

Nonna Titta es conocida en la isla como una de las mejores cocineras de recetas tradicionales de Procida. Si hay alguna celebración o fiesta local, puedes estar seguro de que estará cocinando para un regimiento. Titta tiene una gran familia y está acostumbrada a alimentar a una multitud. La receta de lasaña de carnaval que compartió conmigo, que aprendió de su abuela, es absolutamente genial y una de las grandes favoritas de la familia, ¡y entiendo perfectamente por qué! Siguiendo las instrucciones de las páginas siguientes podrás hacerla tú también.

LASAÑA DE CARNAVAL

ESPAGUETIS CON TOMATE Y RICOTA, Y ALBÓNDIGAS AL HORNO

Una lasaña muy extravagante, divertida e increíblemente deliciosa, hecha para compartir. Es perfecta para una fiesta o un gran festín de fin de semana con amigos. Sin duda, todo el mundo sonreirá de oreja a oreja.

PARA 12 PERSONAS | 2 HORAS

¼ de masa de aceite de oliva
   (véase pág. 380)

1 kg de espaguetis

4 dientes de ajo

2 ajíes picantes rojos frescos

aceite de oliva

500 g de carne picada de
   ternera y cerdo mezcladas

5 huevos grandes

50 g de pan rallado grueso

1 manojo de albahaca fresca
   (30 g)

150 ml de vino blanco Greco
   di Tufo

1,2 kg de tomates perita
   en conserva

100 g de parmesano

250 g de ricota

10 fetas de jamón

Hacer la masa de aceite de oliva (véase pág. 380). Cocer la pasta en una cacerola grande con agua salada hirviendo 2 minutos menos que lo indicado en las instrucciones del paquete. Escurrir. Mientras, poner los ajos pelados y cortados finos con los ajíes picantes en una sartén grande a fuego medio con 1 cucharada de aceite. Rehogar 2 minutos. Mezclar la carne con un huevo, el pan rallado y una pizca de sal marina y pimienta negra. Hacer albóndigas de 2 cm y añadirlas a la sartén. Cocer 5 minutos, hasta que empiecen a dorarse. Agregar 20 hojas de albahaca en trocitos. Verter el vino y dejar evaporar. Estrujar los tomates con las manos limpias, llenar una lata con agua y agregarla. Cocer lentamente 5 minutos, probar y sazonar a gusto.

Precalentar el horno a 180 °C. Rallar la mitad del parmesano sobre la pasta escurrida, añadir los 4 huevos restantes y 2 cucharadas de aceite, remover y repartir entre dos boles. Mezclar la ricota en el primer bol. Apartar las albóndigas y mezclar la salsa de tomate en el segundo, añadir un poco de agua si fuera necesario.

Para hacer las capas, disponer la mitad de la pasta con el tomate en una fuente de horno honda de 30 cm. Poner arriba unas hojas de albahaca, rallar un poco de parmesano y extender la mitad del jamón. Colocar la mitad de la pasta con la ricota y las albóndigas. Repetir una capa de pasta con ricota, añadir el resto de la albahaca, el parmesano y el jamón, y por último, la pasta con tomate. Estirar la masa hasta que tenga 3 mm de grosor, cortar en tiras y colocarlas encima de la pasta, como se desee. Hornear en la parte inferior del horno 40 minutos o hasta que esté dorado. Cortar y servir de inmediato.

CALORÍAS	GRASAS	GRASAS SATURADAS	PROTEÍNAS	CARBOHIDRATOS	AZÚCAR	SAL	FIBRA
683 kcal	26 g	8 g	33,2 g	82 g	6,8 g	1 g	3,8 g

SÁNDWICHES DE HELADO

AL ESTILO SICILIANO CON FRUTOS ROJOS, FRUTOS SECOS Y CHOCOLATE FUNDIDO

Dominar la técnica de elaboración de un pan de brioche suave, esponjoso y delicado es tener un as bajo la manga. Por supuesto, puedes elaborarlo sin azúcar y servir estos pancitos con hamburguesas u otros rellenos salados. Pero aquí, calientes y con helado derretido, chocolate fundido, frutos rojos y otras exquisiteces son una absoluta delicia, puedo certificarlo. Muy ingenioso y excelente.

PARA 12 PERSONAS | 50 MINUTOS, MÁS LEUDADO

150 ml de leche entera

3,5 g de levadura seca

300 g de harina 000,
    y un poco más para
    enharinar

200 g de harina tipo 00

60 g de azúcar negra

60 g de manteca (fría),
    y un poco más para untar

2 huevos grandes

aceite de oliva

azúcar impalpable para
    espolvorear

RELLENOS

helado, chocolate, crema,
    frutos rojos, frutos secos.
    ¡Sé creativo!

Calentar la leche en una cacerola con 75 ml de agua hasta que esté templada. Mezclar con la levadura y reservar. Tamizar las harinas en un bol grande con el azúcar y 10 g de sal marina. Incorporar la manteca en daditos mezclándola con los dedos hasta obtener una consistencia de migas. Verter la leche, los huevos y mezclar con los dedos hasta obtener una masa suelta y pegajosa, trabajándola 4 minutos hasta que brille. Es una masa húmeda, pero terminará juntándose. Ponerla en una superficie limpia, recogerla y tirarla de nuevo, repetir unas 40 veces. Si se pega algo de masa, recogerla y juntarla de nuevo. Se debe obtener una masa suave y elástica que se desprenda fácilmente de la superficie de trabajo y de las manos. Ponerla en un bol untado con aceite, tapar con un paño de cocina húmedo y dejar a temperatura ambiente 2 horas o hasta que doble su volumen.

Poner la masa sobre una superficie enharinada y dividirla en 12 partes iguales. Hacer bollos, luego darles forma redonda u ovalada, y ponerlos en bandejas forradas con papel de horno. Tapar y dejar leudar 2 horas. Precalentar el horno a 180 °C. Hornear de 15 a 20 minutos, o hasta que se doren. Untar con manteca derretida y dejar los bollos sobre una rejilla.

Ahora lo más divertido: ¡los rellenos! Conseguir unos cuantos helados de vainilla, frutilla, chocolate, caramelo salado, limón o el sabor que más apetezca. Tostar y machacar unos frutos secos para tener diferentes texturas. Disponer tres boles con salsa de chocolate, crema batida y frutos rojos. Espolvorear con azúcar impalpable y ¡al ataque!

CALORÍAS	GRASAS	GRASAS SATURADAS	PROTEÍNAS	CARBOHIDRATOS	AZÚCAR	SAL	FIBRA
220 kcal	6,1 g	3,3 g	6,9 g	36 g	6,5 g	0,9 g	1,3 g

POSTRES

CANNOLI DE CHOCOLATE

CRUJIENTES TUBOS RELLENOS DE CHOCOLATE Y RICOTA CON GRAPPA

Los *cannoli* son fantásticos. Los tradicionales son más grandes que los míos y contienen trozos de fruta confitada, frutos secos y chocolate, pero yo quería hacerlos un poco más delicados, y por eso la estrella del relleno es la ricota. Será de gran ayuda comprar unos moldes para cannoli de metal, que puedes conseguir en Internet; solo hay que ajustar el diámetro a 2 cm antes de usarlos.

PARA 24 CANNOLI | 1 HORA 30 MINUTOS, MÁS REPOSO

2 huevos grandes

60 ml de vino dulce o Marsala

aceite de oliva

250 g de harina tipo 00
   y un poco más para
   enharinar

1 litro de aceite de girasol
   para freír

200 g de chocolate amargo
   (70 %)

100 g de avellanas tostadas

600 g de ricota de calidad

1 cucharadita de pasta
   de vainilla

2 cucharadas de miel líquida

2 cucharaditas colmadas
   de cacao en polvo de calidad

1 cucharada de grappa

En un bol grande, batir 1 huevo con el vino dulce y 3 cucharadas de aceite. Añadir la harina de a poco (quizá no se necesite toda) hasta que se forme un bollo de masa. Amasarlo unos minutos o hasta que esté liso y sedoso. Envolverlo en film y dejar reposar 1 hora.

Verter el aceite en una cacerola grande de base gruesa y calentarlo a 180 °C a fuego medio-fuerte. Mientras, formar con la masa una salchicha de unos 4 cm de diámetro. Mantener el resto de masa tapada con un paño de cocina húmedo, cortar un disco de ½ cm de grosor y formar un bollo, y aplastarlo sobre una superficie enharinada hasta 2 mm de grosor. Espolvorear los moldes para cannoli con harina (o usar tubos de canelones secos untados con aceite), envolver un círculo de masa alrededor de cada tubo y sellar los bordes con huevo batido. Sumergirlos en el aceite caliente, en tandas. Freír 1 minuto hasta que se doren ligeramente. Dejarlos escurrir en un plato con papel de cocina 3 minutos y retirar suavemente los moldes. Repetir hasta que se termine la masa.

Derretir el chocolate. Machacar las avellanas en un mortero. Escurrir la ricota, triturarla en una procesadora con la pasta de vainilla, la miel, el cacao y la grappa hasta obtener una mezcla homogénea. Poner el relleno en una manga pastelera con boquilla rizada, girar la manga para que quede tensa y rellenar los cannoli. Rociar con el chocolate, espolvorear las avellanas y servir.

CALORÍAS	GRASAS	GRASAS SATURADAS	PROTEÍNAS	CARBOHIDRATOS	AZÚCAR	SAL	FIBRA
192 kcal	12,1 g	4 g	5,1 g	15,9 g	7,7 g	0,1 g	0,6 g

TARTA TOSCANA DE ARROZ

TARTA DE NATILLAS Y FRUTA DE ESTACIÓN

Siempre me ha gustado el arroz con leche, y para mí lo mejor es la costra crujiente que adquiere tras el horneado. Esta tarta lo tiene todo: superficie crujiente, frutas dulces y ácidas, arroz cremoso y natillas. No se le puede pedir más a un arroz con leche.

PARA 8 PERSONAS | 1 HORA 20 MINUTOS

200 g de arroz arborio

250 ml de leche semidescremada

250 ml de crema líquida

una pizca de azafrán

1 rama de canela

2 vainas de vainilla

4 huevos grandes

100 g de azúcar

manteca para enmantecar

3 ciruelas o peras maduras

aceite de oliva

Precalentar el horno a 180 °C. Cocer el arroz en una cacerola con agua hirviendo 10 minutos y escurrir bien. Mientras, para las natillas, verter la leche y la crema en una cacerola con el azafrán y la canela. Abrir las vainas de vainilla a lo largo y rascar las semillas, y añadir semillas y vainas a la cacerola. Cocer a fuego medio 5 minutos, apartar del fuego y dejar en infusión unos minutos. Desechar las vainas de vainilla y la canela.

Separar las claras de las yemas (guardar las claras para otra receta). En un bol grande, batir las yemas con 70 g de azúcar hasta blanquearlas. Sin dejar de batir, verter un poco de leche en las yemas. Seguir virtiendo la leche, un cucharón cada vez, batiendo bien antes de añadir el siguiente. Cuando se haya incorporado toda la leche, mezclar el arroz escurrido.

Enmantecar y forrar un molde de tarta o una fuente de 23 cm. Espolvorear 1 cucharada de azúcar, sacudir para cubrir la base y los lados. Verter las natillas: el arroz debería hundirse hasta el fondo, formando dos capas cuando esté horneado. Descarozar la fruta y quitar las semillas, cortarla por la mitad o en rodajas, y mezclarla con 1 cucharada de aceite y el azúcar restante. Colocar la fruta encima de las natillas. Hornear 50 minutos o hasta que las natillas se hayan cuajado y la superficie esté dorada. Dejar enfriar a temperatura ambiente, desmoldar, cortar y servir. También es deliciosa si se degusta fría.

CALORÍAS	GRASAS	GRASAS SATURADAS	PROTEÍNAS	CARBOHIDRATOS	AZÚCAR	SAL	FIBRA
257 kcal	9,2 g	3,8 g	7 g	38,2 g	16,8 g	0,2 g	0,4 g

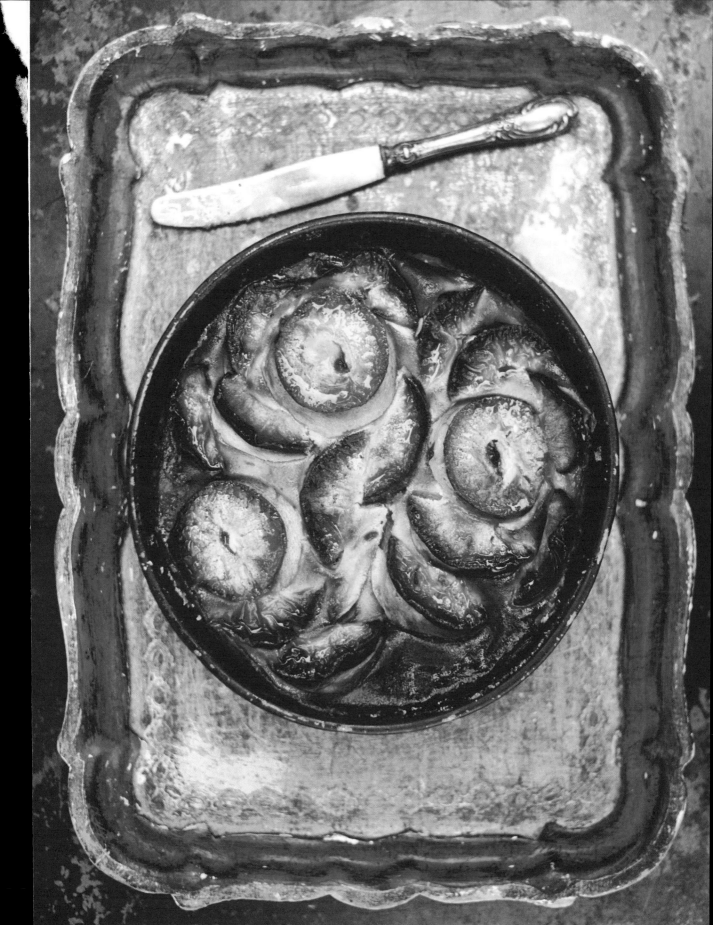

TARTA DE LIMÓN DE AMALFI

MASA DE VINO BLANCO, ACEITE DE OLIVA Y VAINILLA

Esta maravillosa tarta de limón horneada es fresca pero reconfortante y no se queda atrás de ninguna tarta de queso. Es deliciosa acompañada de helado y excelente con frutos rojos de temporada, como frambuesas o frutillas. Si tienes curiosidad por lo italiano, una porción con café en el desayuno será un verdadero placer.

PARA 10-12 PERSONAS | 2 HORAS, MÁS ENFRIADO

MASA

250 g de harina y un poco más para enharinar

50 g de azúcar impalpable y un poco más para espolvorear

75 ml de aceite de oliva

75 ml de vino blanco Greco di Tufo

½ cucharadita de pasta de vainilla

RELLENO

5 limones grandes

500 g de ricota de calidad

150 g de azúcar

2 huevos grandes

Para hacer la masa, poner la harina y el azúcar impalpable en un bol grande con una buena pizca de sal marina. Hacer un pozo en el centro, añadir el aceite, el vino y la pasta de vainilla. Recoger la harina de los lados con un tenedor hasta que se forme un bollo de masa. Ponerlo sobre una superficie enharinada y amasarlo un par de minutos, envolverlo en film y dejar reposar en la heladera 30 minutos.

Sobre una superficie enharinada, estirar la masa hasta unos 3 mm de grosor. Enrollarla sobre el palo de amasar y desenrollarla sobre un molde de base desmontable de 25 cm, forrar bien el fondo y los lados. Recortar el exceso de masa, usarla para tapar los agujeros, pinchar la base con un tenedor, taparla con papel film y congelarla 1 hora 30 minutos.

Precalentar el horno a 180 °C. Hornear en blanco, sin el relleno, 25 minutos o hasta que empiece a dorarse. Mientras, rallar fina la cáscara de un limón y reservar. Exprimir todos los limones para obtener 150 ml de jugo, batirlo con el resto de los ingredientes del relleno hasta que esté homogéneo, a mano o con una batidora. Verterlo dentro de la tarta y hornear 30 minutos, y espolvorearla con azúcar impalpable y la ralladura de limón los últimos 5 minutos. Dejar enfriar sobre una rejilla; todavía se tambaleará un poco, pero se cuajará a medida que se enfríe. Espolvorear con más azúcar impalpable, cortar y servir.

CALORÍAS	GRASAS	GRASAS SATURADAS	PROTEÍNAS	CARBOHIDRATOS	AZÚCAR	SAL	FIBRA
323 kcal	14,4 g	4,9 g	8,5 g	41,5 g	22,8 g	0,2 g	0,8 g

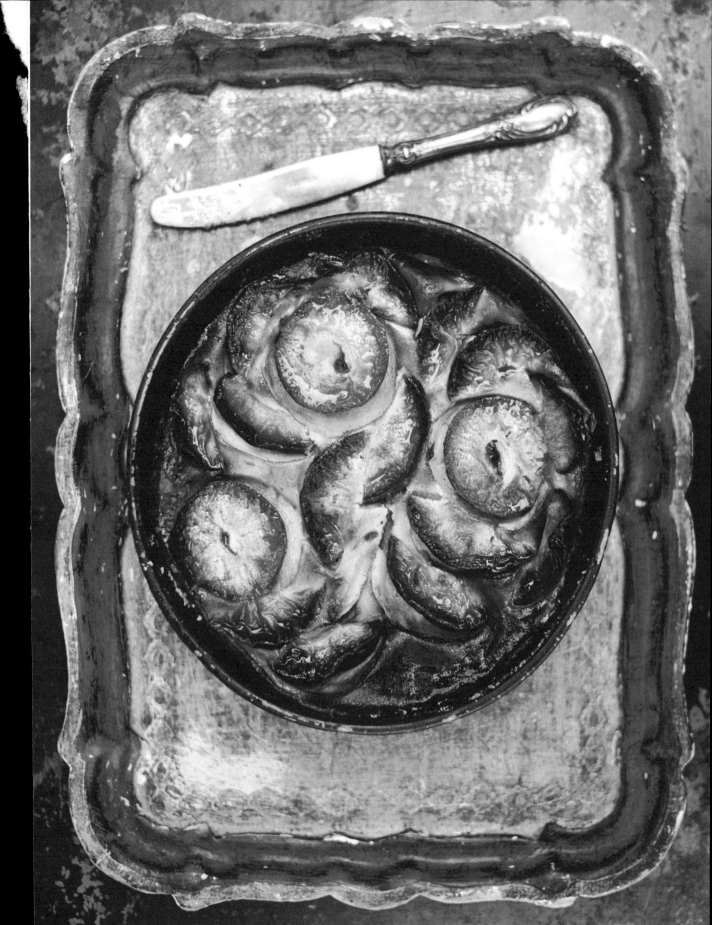

BARONESA SUSANNA

TURÍN | PIAMONTE

La baronesa Susanna me recibió en su casa, donde cuidaba a sus nietos y cocinaba con ellos. Tuvimos el placer de cocinar juntos algunos deliciosos platos que demostraron la influencia de los franceses que en otros tiempos gobernaron Turín. Su postre favorito, que lleva años cocinando, es una especie de flan de chocolate con una capa de bizcochuelo que flota por arriba al cocerse y se convierte en la base al darle la vuelta. Es maravilloso. No te costará hacerlo tú mismo siguiendo las indicaciones de las páginas siguientes.

POSTRE CON CACAO Y RON

AMARETTI, CARAMELO Y CRÈME FRAÎCHE

La baronesa Susanna me preparó este delicioso postre en Turín. Las capas de distintas texturas, que abarca desde la crujiente base de los amaretti hasta el suave y sedoso centro de chocolate y la brillante capa de caramelo en la parte superior, crean el bocado más perfecto y maravillosamente refinado. Además, el ron, el cacao y el caramelo son una combinación celestial.

PARA 10 PERSONAS | 1 HORA 20 MINUTOS, MÁS ENFRIADO

manteca para enmantecar

100 g de azúcar

50 g de azúcar negra

4 huevos grandes

500 ml de leche entera

3 cucharadas colmadas
  de cacao en polvo de calidad

50 ml de ron dorado

200 g de amaretti

crème fraîche, para servir

Precalentar el horno a 160 °C y enmantecar un molde largo de 1,5 litros. Derretir el azúcar en una sartén pequeña antiadherente a fuego medio-fuerte hasta obtener un caramelo de color oscuro. Girar la sartén para que el azúcar se caramelice, pero no tocarlo ni removerlo. Verter el caramelo en el molde y esparcirlo por la base y los lados.

Batir el azúcar con los huevos 3 minutos o hasta obtener una textura brillante y ligeramente espesa. Añadir la leche, batirla con el cacao y el ron 30 segundos e incorporar los amaretti desmenuzados. Verter la mezcla en el molde. Llenar hasta la mitad una fuente honda con agua caliente y colocar el molde en el centro. Ponerlo con cuidado en el parrilla central del horno y cocer al baño maría 1 hora. Retirar y dejar enfriar en el molde. Refrigerarlo en la heladera por lo menos 4 horas o hasta que se vaya a comer.

Para servir, pasar un cuchillo alrededor del molde, darle la vuelta sobre una fuente o una tabla, y verter todo el caramelo encima del molde. Servir cada porción con una cucharada de *crème fraîche*.

CALORÍAS	GRASAS	GRASAS SATURADAS	PROTEÍNAS	CARBOHIDRATOS	AZÚCAR	SAL	FIBRA
233 kcal	9,2 g	2,6 g	7,8 g	28,2 g	27,4 g	0,2 g	1,6 g

ZEPPOLE

ROSQUILLAS CON CREMA Y GIANDUJA

Tradicionalmente, las *zeppole* se fríen en abundante aceite, pero cocidas al horno son mucho más fáciles de hacer en casa, aunque también algo menos sabrosas. Mi versión de estas rosquillas superfinas y delicadas es el receptáculo perfecto para sabrosos rellenos y muy práctico para comer con la mano.

PARA 20 ZEPPOLE | 2 HORAS, MÁS ENFRIADO

30 g de manteca fría

100 g de harina tipo 00

40 g de sémola fina

3 huevos grandes

150 g de gianduja
(véase pág. 348)

azúcar impalpable
para espolvorear

CREMA

1 vaina de vainilla

600 ml de leche entera

4 huevos grandes

100 g de azúcar negra

50 g de maicena

Precalentar el horno a 200 °C. Poner la manteca en una cacerola mediana con 250 ml de agua fría y llevar a ebullición a fuego medio. Mientras, tamizar la harina y la sémola en un bol con una pizca de sal marina. Batir los huevos en otro bol. Cuando la manteca empiece a hervir, verter la mezcla de harinas y, con una cuchara de madera, remover rápidamente y con vigor hasta formar una masa homogénea que empiece a despegarse de las paredes. Apartar del fuego e incorporar los huevos de a poco. Poner la masa en una manga pastelera con una boquilla rizada de 1 cm.

Forrar dos bandejas con papel de horno, pegando el papel en las esquinas con un poco de masa. Disponer con la manga remolinos de 20 × 4 cm. Hornear 25 minutos o hasta que estén dorados y crujientes, intercambiando las bandejas a media cocción para que esta sea uniforme. Apagar el horno, abrir la puerta y dejar enfriar dentro las zeppole mientras se prepara la crema. Abrir por la mitad la vaina de vainilla y rascar las semillas, y poner la vaina y las semillas en una cacerola a fuego medio-suave con la leche para aromatizarla. Mientras, blanquear los huevos y el azúcar en un bol grande hasta que estén suaves y esponjosos, y añadir la maicena. Cuando la leche arranque el hervor, retirar la vaina de vainilla y verterla poco a poco, sin dejar de batir, sobre los huevos. Verter de nuevo en la cacerola y batir hasta que espese. Poner la crema en un bol (colarla si fuera necesario), tapar y enfriar en la heladera mientras se prepara la gianduja (véase pág. 348).

Rellenarlas con gianduja y crema con una manga pastelera o una cuchara (guardar las sobras). Espolvorear con azúcar impalpable. Son deliciosas con cerezas.

CALORÍAS	GRASAS	GRASAS SATURADAS	PROTEÍNAS	CARBOHIDRATOS	AZÚCAR	SAL	FIBRA
158 kcal	8,3 g	3 g	4,8 g	17,1 g	9,9 g	0,2 g	0,3 g

TIRAMISÚ DE LIMONCELLO

MASCARPONE CON VAINILLA, CEREZAS Y CHOCOLATE BLANCO

Por supuesto, no se trata de un tiramisú tradicional, pero las capas de esponjoso bizcocho y sedoso mascarpone de vainilla recuerdan el postre que todos conocemos y amamos. Las cerezas, el limoncello y el chocolate blanco lo convierten en un postre más ligero y agradable, inspirado en mis largos días de verano recorriendo la costa amalfitana.

PARA 8 PERSONAS | 45 MINUTOS, MÁS ENFRIADO

2 naranjas

200 ml de limoncello

4 cucharadas de miel líquida

200 g de vainillas

200 ml de café expreso (frío)

250 g de mascarpone

250 g de yogur natural

1 cucharadita de pasta
 de vainilla

250 g de cerezas maduras

aceite de oliva extra virgen

100 g de chocolate blanco
 (frío)

Con un pelador de verduras, sacar tiras de la cáscara de las naranjas y ponerlas en una cacerola pequeña. Añadir todo el jugo, 100 ml de limoncello y 2 cucharadas de miel, y cocer a fuego medio hasta obtener un almíbar espeso.

Cubrir la base de una fuente de 24 cm con la mitad de las vainillas (o puedes usar el sobrante de mi bizcochuelo al estilo de Amalfi de la página 352, ¡una buena excusa para hacer ambos!). Mezclar el resto del limoncello con el café frío y verter la mitad del líquido sobre las vainillas, presionando ligeramente para que se empapen bien.

Batir el mascarpone, el yogur, la pasta de vainilla y las otras 2 cucharadas de miel hasta que esté homogéneo. Extender uniformemente la mitad sobre la capa de vainillas. Descarozar las cerezas y desmenuzarlas sobre el mascarpone. Poner otra capa de vainillas encima, empapar con el resto del café y terminar con el mascarpone.

Regar el tiramisú con la cáscara de naranja confitada y el almíbar, y aliñar con un poco de aceite de oliva extra virgen. Tapar, dejar enfriar en la heladera por lo menos 4 horas o durante toda la noche. Rallar o hacer virutas con el chocolate blanco para decorar.

CALORÍAS	GRASAS	GRASAS SATURADAS	PROTEÍNAS	CARBOHIDRATOS	AZÚCAR	SAL	FIBRA
443 kcal	20,9 g	12,7 g	6,3 g	44,9 g	38,9 g	0,2 g	1 g

HELADO DE DAMASCO

CEREZAS EN ALMÍBAR, AMARETTI Y FLORES COMESTIBLES

Los damascos son una de mis frutas favoritas, y en Basilicata crecen en abundancia. Guisados solo con hojas de higuera, los sabores me transportan directamente al sur de Italia. Si no puedes conseguir hojas de higuera, prueba sustituirlas por un poco de albahaca fresca o cedrón para darle a la mezcla ese sabor extra mientras se enfría. Maravilloso.

PARA 10 PERSONAS | 25 MINUTOS, MÁS ENFRIADO Y CONGELADO

150 g de azúcar

1 kg de damascos maduros

opcional: 8 hojas de higuera

600 g de cerezas en almíbar

100 g de amaretti

opcional: flores comestibles

Poner el azúcar en una cacerola con 250 ml de agua, llevar a ebullición a fuego fuerte y dejar que se disuelva. Añadir los damascos descarozados y cortados en cuartos. Remover, tapar y cocer a fuego medio 10 minutos o hasta que estén tiernos. Apagar el fuego, añadir las hojas de higuera a la cacerola (opcional) y dejar en infusión hasta que se enfríe por completo.

Sacar las hojas de higuera, triturar la mezcla hasta que esté homogénea. Verterla en un recipiente de cerámica, tapar y congelar durante 8 horas, mezclar con un tenedor cada hora para romper los cristales de hielo.

Retirar el helado del freezer unos 15 minutos antes de servirlo. Poner las cerezas en una fuente, añadir los amaretti machacados en un mortero o con un palo de amasar hasta obtener un polvo fino, y decorar con algunas flores (opcional). Llevar todo a la mesa con el helado y servirle a cada comensal lo que desee.

CALORÍAS	GRASAS	GRASAS SATURADAS	PROTEÍNAS	CARBOHIDRATOS	AZÚCAR	SAL	FIBRA
177 kcal	2,2 g	0,2 g	2,6 g	39 g	38,9 g	0 g	0,9 g

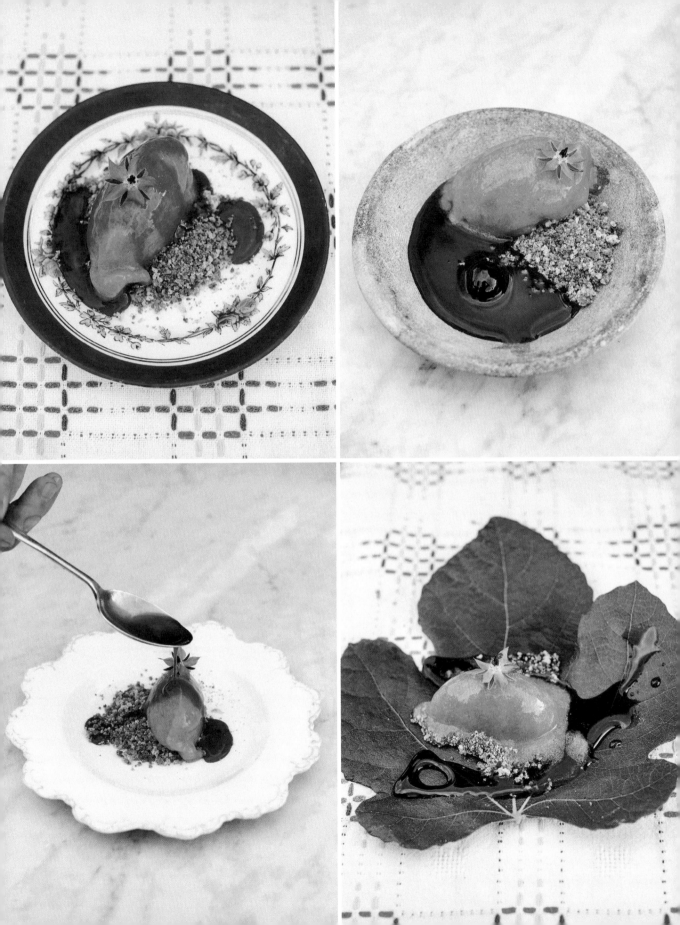

TORTA DE GARBANZOS Y CHOCOLATE

ALMÍBAR DE NARANJA

¡En Basilicata hay garbanzos por todas partes! Me entusiasmó ver que se pueden usar en el horno casi como las castañas, y este híbrido entre una torta y un brownie es el resultado. Me encanta su simplicidad: es realmente delicioso.

PARA 18 PERSONAS | 40 MINUTOS, MÁS ENFRIADO

150 g de manteca

aceite de oliva extra virgen

350 g de azúcar negro

150 g de chocolate amargo (70 %)

400 g de garbanzos en conserva

3 huevos grandes

150 g de harina blanca

1 cucharadita de levadura en polvo

2 naranjas

Precalentar el horno a 170 °C y forrar una fuente (20 × 30 cm) con papel de horno. En una cacerola a fuego muy suave, derretir la manteca con 4 cucharadas de aceite de oliva extra virgen y 250 g de azúcar, mezclando bien con una espátula de goma. Añadir el chocolate, apagar el fuego y remover hasta que el chocolate se haya derretido y la mezcla sea homogénea.

Escurrir los garbanzos, triturarlos en una procesadora, mezclarlos con el chocolate y triturar de nuevo hasta que esté homogéneo. Sin parar, añadir los huevos de a uno. Luego incorporar la harina, la levadura en polvo y una pizca de sal marina, triturar hasta que la masa esté lisa. Verterla en la fuente y hornear de 20 a 25 minutos, o hasta que aumente de volumen y esté elástica al tacto.

Mientras, hacer el almíbar. Con un pelador de verduras, sacar tiras de la cáscara de las dos naranjas y ponerlas en una cacerola pequeña. Añadir todo el jugo, los 100 g de azúcar restantes y cocer a fuego medio-suave hasta obtener una consistencia de almíbar. ¡No tengas la tentación de tocarlo! Dejar enfriar.

Al sacar la torta del horno, hacer agujeros con un palitos o una brocheta y verter por arriba casi todo el almíbar frío para que el bizcochuelo se empape. Decorar con la cáscara de naranja. Dejar enfriar completamente, cortarlo y servir. A mí me gusta con una buena bocha de helado de vainilla bañada con el resto del almíbar (¡y una buena taza de té!).

CALORÍAS	GRASAS	GRASAS SATURADAS	PROTEÍNAS	CARBOHIDRATOS	AZÚCAR	SAL	FIBRA
265 kcal	13,2 g	6,4 g	3,6 g	35,2 g	26,4 g	0,3 g	0,8 g

GIANDUJA

LA NUTELLA ORIGINAL

~~~~~~

Como a menudo sucede con las grandes recetas, la creación de la *gianduja* se debió a la falta de ingredientes derivada de las restricciones a las importaciones impuestas en Europa, lo que significaba que el chocolate escaseaba. Para que durara más, el chocolatero Michele Prochet mezcló sus limitadas existencias con avellanas molidas: demostró ser un genio. No podría ser más fácil elaborar la gianduja en casa, además de constituir un maravilloso regalo para compartir. ¡Tus afortunados beneficiarios no lo olvidarán fácilmente!

PARA 600 G | 15 MINUTOS

150 g de avellanas peladas

400 g de chocolate amargo (70 %)

100 g de azúcar impalpable

aceite de oliva suave

Precalentar el horno a 180 °C. Tostar las avellanas en una fuente de horno 6 minutos o hasta que empiecen a dorarse. Ponerlas en una procesadora y triturar hasta obtener la consistencia deseada. Me gusta que queden trocitos crujientes, pero depende del gusto de quien lo elabora puede ser más grueso o más fino. Mientras, derretir el chocolate al baño maría, remover a menudo. Cuando esté homogéneo, añadir una pizca de sal marina, el azúcar impalpable tamizado, verter 200 ml de aceite, las avellanas trituradas y mezclar bien. ¡Facilísimo!

Puedes comerla de inmediato o guardarla en un frasco esterilizado hasta 6 semanas en un lugar fresco y oscuro. Una vez abierto, es preferible consumirla en un par de semanas. Perdón por la obviedad, pero queda deliciosa untada en tostadas, con croissant, sobre panqueques o en capas en un bizcochuelo, en las zeppole (véase pág. 340) o incluso mezclada con otras pastas.

ESTOS VALORES SON PARA 50 G

CALORÍAS	GRASAS	GRASAS SATURADAS	PROTEÍNAS	CARBOHIDRATOS	AZÚCAR	SAL	FIBRA
306 kcal	23,9 g	6 g	2,4 g	21,6 g	21,2 g	0,1 g	0,6 g

BIZCOCHUELO AL ESTILO DE AMALFI

EMBORRACHADO CON ALMÍBAR DE FRUTA Y LIMONCELLO

La primera vez que hice este postre con Gennaro yo aún era un adolescente. Me encanta el concepto de bizcochuelo rehidratado con almíbar aromatizado para hacerlo aún más delicioso. Disfrútalo.

PARA 20 PERSONAS | 2 HORAS 50 MINUTOS, MÁS LEUDADO Y TODA LA NOCHE PARA EMBORRACHARLO

BIZCOCHO

7 g de levadura seca

250 g de manteca
y un poco más para
enmantecar

12 huevos grandes

750 g de harina leudante
y un poco más para
espolvorear

ALMÍBAR

500 g de azúcar negra

750 ml de limoncello

1 vaina de vainilla

1 rama de canela

4 clavos de olor

4 hojas de laurel fresco

2 ramitas de romero fresco

3 naranjas

3 limones

Cubrir la levadura con 100 ml de agua templada. Derretir la manteca y mientras se enfría batir los huevos en un bol grande hasta que estén esponjosos. Sin dejar de batir, verter la manteca, luego la harina, una pizca de sal marina y la levadura. Usar una espátula de goma cuando esté demasiado consistente. Pasados 5 minutos debe quedar espesa, lisa y brillante. Tapar con un paño de cocina húmedo y dejar leudar 40 minutos en un lugar sin corrientes de aire.

Destapar la masa y trabajar vigorosamente 3 minutos para que se afloje y quede brillante. Enmantecar generosamente un molde hondo de corona de 24 cm y verter la masa. Leudar de nuevo, destapado, 40 minutos o hasta que la masa suba justo al borde del molde. Precalentar el horno a 150 °C.

Hornear el bizcochuelo 1 hora o hasta que se dore. Para el almíbar, poner el azúcar y el limoncello en una cacerola. Abrir la vaina de vainilla y añadirla con la canela, los clavos de olor, el laurel y el romero. Cortar con un pelador tiras de las cáscaras de las naranjas y los limones y agregarlas. Exprimir todo su jugo en una jarra medidora y agregar agua hasta tener 500 ml. Verter en la cacerola. Hervir y dejar reducir a la mitad, hasta que tenga consistencia de almíbar.

Dejar enfriar el bizcochuelo, pasar un cuchillo por el borde del molde y recortar el sobrante (perfecto para el tiramisú de limoncello de la página 342). Poco a poco, emborrachar el bizcochuelo con el almíbar, asegurándose de que baje por los costados. Dejarlo toda la noche. Al día siguiente, desmoldarlo sobre un soporte para tortas o una fuente. Me gusta llenar el agujero con ricota azucarada, mascarpone o incluso helado. Decorar con frutos rojos de estación y espolvorear con azúcar impalpable antes de servir.

CALORÍAS	GRASAS	GRASAS SATURADAS	PROTEÍNAS	CARBOHIDRATOS	AZÚCAR	SAL	FIBRA
446 kcal	14,4 g	7,6 g	7,8 g	55,4 g	27,6 g	0,5 g	1,2 g

NONNA MARIA

VIAGRANDE | SICILIA

Nonna Maria podría considerarse «la reina de los pasteles de Sicilia». Es experta en todas las cosas dulces y en sus preparaciones usa ricota siciliana de primera, de las ovejas de su propia familia. Su difunto esposo fue gobernador de Sicilia, y juntos vivieron una vida muy agitada. Maria cree que la pérdida te da experiencia y habiendo sobrevivido a su querido esposo, quiere que todo el mundo disfrute el momento y que todas las personas se amen unas a otras. Me dijo: «Si amas a tu esposa, díselo; hablen entre ustedes y compartan cómo se sienten. El matrimonio no es una trampa, es libertad». Sabias y hermosas palabras.

CASSATA ENROLLADA

MAZAPÁN DE PISTACHO, MERMELADA DE DAMASCO Y RICOTA

La influencia árabe queda visible en esta *cassata* de suave y sedosa ricota con trozos de frutos secos y chocolate, todo envuelto en bizcochuelo de vin santo y mazapán de pistacho. Me encanta esta versión enrollada.

PARA 16 PERSONAS | 1 HORA 30 MINUTOS, MÁS ENFRIADO

3 huevos grandes

100 g de azúcar negra

75 g de harina blanca

1 cucharadita de pasta de vainilla

manteca para enmantecar

100 g de pistachos sin cáscara

500 g de mazapán

azúcar impalpable
  para espolvorear

RELLENO

400 g de ricota de calidad

1 cucharada de azúcar

50 g de avellanas enteras

1 cucharada colmada de fruta
  confitada

20 g de pistachos sin cáscara

100 g de chocolate amargo (70 %)

3 cucharadas de mermelada
  de damasco

50 ml de vin santo

15 cerezas confitadas

Precalentar el horno a 180 °C. Para hacer el bizcochuelo, blanquear los huevos y el azúcar con una batidora eléctrica o a mano, hasta que hayan duplicado su volumen. Incorporar la harina tamizada, añadir la pasta de vainilla y mezclar con cuidado. Untar una fuente de horno (26 × 36 cm) con manteca y forrarla con papel manteca. Verter la masa en la fuente y hornear de 12 a 15 minutos, o hasta que esté cocida. Mientras, triturar finos los pistachos en una multiprocesadora. Mezclarlos con el mazapán en trozos y triturar hasta formar una masa, añadiendo un poco de agua si fuera necesario.

Sacar la fuente del horno y darla vuelta sobre un paño de cocina. Despegar el papel, ponerlo de nuevo encima y enrollar el bizcochuelo cuando todavía esté caliente y flexible. Dejar enfriar unos 20 minutos.

Para el relleno, triturar la ricota con el azúcar en una multiprocesadora hasta que esté homogéneo. Tostar las avellanas en una sartén, picarlas finas con la fruta confitada, los pistachos y el chocolate. Mezclar con la ricota.

Extender casi todo el mazapán sobre un papel de horno hasta que tenga un tamaño de 26 × 46 cm, y 2 mm de grosor. Cubrir con la mermelada, desenrollar el bizcochuelo encima, bañar con el vin santo y extender la ricota. Alinear las cerezas en el lado más cercano; luego, con la ayuda del papel, enrollarlo presionando ligeramente para sellar los bordes. Cortar los extremos, estirar el mazapán sobrante y modelar para decorar. Servir tras 30 minutos en la heladera o freezer para otro día. Si se congela, dejarlo descongelar dentro de la heladera 3 horas antes de servirlo, espolvorear con azúcar impalpable.

CALORÍAS	GRASAS	GRASAS SATURADAS	PROTEÍNAS	CARBOHIDRATOS	AZÚCAR	SAL	FIBRA
189 kcal	8,4 g	3,3 g	5,2 g	24,2 g	16,1 g	0,1 g	0,5 g

SEMIFREDDO

VAINILLA, VIN SANTO Y CANTUCCI

~~~~~~

¡Los amantes del helado van a tener una alegría! El *semifreddo* (semifrío) podría ser tu nuevo mejor amigo, pues te va a permitir disfrutar de todo lo que te gusta del helado, pero ofreciéndote la posibilidad de lograr resultados fantásticos sin necesidad de disponer de una heladera. Saborea una cucharada de este postre delicioso y superelegante, solo o acompañando una tarta caliente y sabrosa.

PARA 10 PERSONAS | 50 MINUTOS, MÁS CONGELACIÓN

750 ml de vin santo

5 huevos grandes

500 ml de crema para batir

2 cucharadas de azúcar

1 cucharada de pasta
de vainilla

cantucci, amaretti o galletas
para servir

Poner una fuente para servir de 30 cm en el freezer para que se enfríe. Verter el vin santo en una cacerola grande a fuego fuerte y dejar reducir unos 20 minutos o hasta que espese y cubra el dorso de una cuchara. Dejar enfriar; mientras lo hace, espesará un poco más. Preparar tres boles grandes. Cascar los huevos, poner las claras en un bol, las yemas en otro y la crema en el tercero.

Batir las yemas de huevo con el azúcar hasta que dupliquen su volumen. Con un batidor muy limpio, batir las claras con una pizca de sal marina a punto de nieve. Añadir la pasta de vainilla a la crema y batirla hasta obtener picos sedosos y suaves, sin batirla demasiado. Incorporar delicadamente las claras, las yemas y la mitad del almíbar de vin santo a la crema, girando el bol a medida que se mezclan los ingredientes y agregando la preparación desde el exterior con mucha delicadeza para incorporar la menor cantidad de aire posible. Ponerlo en la fuente del freezer, bañar con la mitad del almíbar restante y congelar por lo menos 3 horas o hasta que se cuaje.

Normalmente paso el semifreddo a la heladera unos 30 minutos antes de servirlo, para que esté listo para degustarlo. Para terminar, bañarlo con el resto del almíbar y desmenuzar las galletas por arriba. Un vasito de vin santo para acompañarlo también será un placer.

CALORÍAS	GRASAS	GRASAS SATURADAS	PROTEÍNAS	CARBOHIDRATOS	AZÚCAR	SAL	FIBRA
374 kcal	30 g	17,5 g	4,5 g	9,3 g	9,3 g	0,2 g	0 g

TARTA DE PERAS Y AVELLANAS

MASA DE NARANJA Y VAINILLA

Las avellanas son un sustituto fantástico de las almendras en una tarta *frangipane*, una de mis formas favoritas de disfrutar de los frutos de estación. Con los aromas de naranja y vainilla de la crujiente masa que le sirve de base, ya tienes el trío perfecto.

PARA 12 PERSONAS | 1 HORA 50 MINUTOS

2 naranjas

275 g de manteca (fría)

250 g de harina y un poco más
   para enharinar

50 g de azúcar impalpable

1 cucharadita de pasta
   de vainilla

3 huevos grandes

aceite de oliva

150 g de avellanas escaldadas

150 g de azúcar negra

3 peras firmes

Para hacer la masa, poner la ralladura fina de 1 naranja en un robot de cocina, añadir 125 g de manteca, la harina, el azúcar impalpable, la pasta de vainilla y un huevo. Triturar hasta obtener un bollo de masa. Envolver en film transparente y dejar enfriar en la heladera 30 minutos. Untar con un poco de aceite un molde antiadherente con el fondo desmontable de 25 cm. Precalentar el horno a 180 °C.

Sobre una superficie enharinada, estirar la masa hasta que tenga un grosor de 3 mm, enrollarla alrededor del palo de amasar y desenrollarla sobre el molde para forrar el fondo y las paredes. Recortar la masa sobrante y tapar los agujeros. Forrar con una doble capa de papel film que no sea de PVC y llenarlo con arroz. Hornear 15 minutos. Retirar el papel film y el arroz, y ponerlo en el horno otros 5 minutos. Dejar enfriar.

Para hacer la crema frangipane, triturar finas las avellanas en un robot de cocina. Añadir los 150 g de manteca restantes y el azúcar, triturar otra vez para mezclarlo bien. Añadir la ralladura de la otra naranja, los 2 huevos restantes y triturar de nuevo. Justo antes de poner el relleno en la tarta, pelar las peras, cortarlas en cuartos a lo largo, descorazonarlas y mezclarlas con el jugo de media naranja.

Extender una capa uniforme de crema en la tarta y colocar las peras encima. Hornéarla en la parte inferior del horno 40 minutos o hasta que se dore. Dejar 5 minutos en el molde, desmoldar y servir templada. Queda deliciosa con crème fraîche, ralladura de naranja y avellanas tostadas demenuzadas.

CALORÍAS	GRASAS	GRASAS SATURADAS	PROTEÍNAS	CARBOHIDRATOS	AZÚCAR	SAL	FIBRA
428 kcal	28,6 g	13 g	5,8 g	39,5 g	23,3 g	0,1 g	2,7 g

SEMIFREDDO DE ARROZ CON LECHE

HIGOS AL MARSALA CON NARANJA, LAUREL Y VAINILLA

El helado de arroz con leche es uno de mis favoritos, así que es una maravillosa oportunidad compartir esta receta de semifrío que cualquiera que lo desee puede elaborar en casa. Queda fantástico con estos higos al Marsala, pero puedes elegir cualquier fruta de estación: frutillas, damascos, cerezas, ciruelas; lo que prefieras.

PARA 8 PERSONAS | 1 HORA 10 MINUTOS, MÁS ENFRIADO Y CONGELADO

1,2 litros de leche entera

2 vainas de vainilla

2 hojas de laurel fresco

1 rama de canela

1 naranja

150 g de arroz arborio

4 huevos grandes

150 g de azúcar negra

200 ml de crema para batir

8 higos

100 ml de vino Marsala

Calentar la leche en una cacerola a fuego muy suave. Abrir 1 vaina de vainilla longitudinalmente y rascar las semillas. Añadir vaina y semillas a la cacerola con 1 hoja de laurel y la canela. Agregar 3 tiras de cáscara de naranja, el arroz y dejar cocer 1 hora o hasta que el arroz esté tierno, espeso y cremoso, removiendo de vez en cuando. Retirar el laurel, las tiras de naranja, la canela y la vaina de vainilla. Hacer un puré con la mitad del arroz, incorporarlo de nuevo a la cacerola para darle más cremosidad, verterlo en un recipiente hondo, que pueda congelarse, y dejar enfriar completamente.

Separar las yemas de las claras. Blanquear las yemas con 100 g de azúcar hasta que estén esponjosas. En otro bol, batir las claras con un batidor muy limpio; luego, batir la crema hasta que esté firme. Mezclar las yemas con el arroz frío; luego, incorporar la crema y las claras. Tapar y congelar 6 horas o hasta que se cuaje, batiendo un par de veces durante el proceso. Se puede comer de inmediato o congelarlo toda la noche. En este caso, pasarlo a la heladera 30 minutos o 1 hora antes para poder servirlo con una cuchara y que esté semicongelado.

Para servir, poner los higos cortados por la mitad en una sartén a fuego medio con el azúcar y la hoja de laurel restante, y el Marsala. Abrir longitudinalmente la otra vaina de vainilla, rascar las semillas y añadir vaina y semillas a la sartén. Agregar el resto de la cáscara de naranja y su jugo. Llevar a ebullición y cocer a fuego lento 20 minutos, girando los higos a media cocción. Retirar del fuego y dejar enfriar. Servirlos con el semifreddo.

CALORÍAS	GRASAS	GRASAS SATURADAS	PROTEÍNAS	CARBOHIDRATOS	AZÚCAR	SAL	FIBRA
376 kcal	16 g	8,9 g	10,6 g	48,1 g	32,2 g	0,3 g	1 g

GRANITA

LECHE DE ALMENDRAS CASERA, CAFÉ Y FRAMBUESAS

La *granita* (granizado) original la difundieron los vendedores ambulantes que recogían enormes bloques de hielo de las montañas en invierno y los mantenían en los llamados «pozos de hielo» hasta el verano. Entonces raspaban el hielo para obtener pequeñas virutas que mezclaban con azúcar y jugo de limón para crear el mejor refresco para el paladar. Varios cientos de años después, disfruté del granizado más increíble de mi vida, muy lejos de las montañas heladas, en la isla Salina, en el archipiélago de las Eolias, con Alfredo. Ese momento ha inspirado estas deliciosas recetas.

CADA UNA PARA 8-10 PERSONAS | CADA UNA 10-20 MINUTOS, MÁS EL REMOJO O ENFRIADO Y CONGELADO

LECHE DE ALMENDRAS CASERA Poner **500 g de almendras peladas** en un bol, cubrir con agua que las sobrepase 5 cm y dejar en remojo toda la noche. Al día siguiente, triturarlas en una multiprocesadora con 800 ml del agua de remojo, **3 cucharadas de miel líquida** y una pizca de sal marina hasta obtener una pasta fina (puede que tengas que hacerlo en tandas). Colar la mezcla y añadir 300 g de la pulpa del colador para darle más textura (se puede congelar la pulpa restante en bandejas de cubitos para añadir a la avena o un curri).

CAFÉ Endulzar **1 litro de buen café fuerte** (el sabor disminuirá cuando se congele) a gusto con **1 cucharadita de pasta de vainilla** y hasta **4 cucharadas de miel líquida**. Dejar enfriar.

FRAMBUESA En una multiprocesadora, triturar **800 g de frambuesas congeladas** con **3 cucharadas de miel líquida** y 200 ml de agua hasta que esté homogéneo. Colar la mezcla para eliminar las semillas.

ELABORACIÓN Poner la mezcla escogida en un recipiente ancho y poco profundo y congelarlo. Las almendras y las frambuesas necesitarán 2 horas, y el café, 4 horas. Pasado este tiempo, rascar los cristales con un tenedor hasta obtener la consistencia deseada. Congelar durante otras 2 o 3 horas, raspando con el tenedor cada 30 minutos (el granizado de café es el más duro y cuesta más rasparlo), servir. Cada sabor es delicioso en sí mismo, pero me encanta combinar el de almendras con el de café o el de frambuesa, pues los complementa de maravilla. Si los preparas con antelación, déjalos descongelar unos 15 minutos; luego, tritúralos en una procesadora.

ESTOS VALORES SON UN PROMEDIO DE LAS TRES RECETAS ANTERIORES

CALORÍAS	GRASAS	GRASAS SATURADAS	PROTEÍNAS	CARBOHIDRATOS	AZÚCAR	SAL	FIBRA
113 kcal	7 g	0,6 g	3 g	9,8 g	9,3 g	0,1 g	0 g

RECETAS BÁSICAS

POLENTA CREMOSA

MANTECOSA Y EXQUISITA

La polenta es una de las bases de la *cucina povera* (cocina pobre), un alimento energético y barato. Se puede servir húmeda, como un puré de papas, o cocida hasta que esté firme y seca, y luego cortarla y asarla, freírla o cocerla a la parrilla. Este ingrediente sencillo pero contundente puede utilizarse de muchas y variadas maneras, ya sea acompañando guisos, carnes y pescados a la brasa o asados, o incluso como entrada con vieiras, langostinos o calamares salteados. No hay límite para las formas en que puedes disfrutarla.

PARA 8-10 PERSONAS | 45 MINUTOS

400 g de polenta gruesa

100 g de parmesano

100 g de manteca

Llevar a ebullición 2 litros de agua salada a fuego medio y añadir de a poco la polenta, batiendo sin parar para evitar que se formen grumos. Cocer a fuego lento 40 minutos, removiendo a menudo con una cuchara de madera (puedes usar polenta instantánea, que es más fina, pero no creo que quede tan rica). La polenta está lista cuando se separa fácilmente de las paredes de la cacerola: debe quedar una consistencia espesa. Apagar el fuego, rallar finamente el parmesano y añadir la manteca. Si la polenta queda demasiado espesa, aclararla con un poco de agua hirviendo hasta obtener la consistencia deseada. Probar, sazonar a gusto con sal marina y pimienta negra, y servir.

Normalmente en la base de la cacerola se formará una capa de crujiente polenta pegada, casi como un taco gigante. Es un regalo para el cocinero: no se lo digas a nadie, es solo para ti. Saca la polenta crujiente con una espátula y ponla en un plato, riégala con un buen aceite, añade parmesano rallado y un poco de ají picante fresco picado, y degústala en un rincón tranquilo.

Si se desea hacerla con antelación, simplemente poner la polenta cocida en un bol resistente al calor, taparlo y ponerlo en una cacerola con agua hirviendo a fuego suave, donde se mantendrá caliente hasta 2 horas sin problema.

CALORÍAS	GRASAS	GRASAS SATURADAS	PROTEÍNAS	CARBOHIDRATOS	AZÚCAR	SAL	FIBRA
323 kcal	14,2 g	9,2 g	8 g	39,9 g	0,4 g	0,6 g	1,5 g

PASTA CASERA

LA PASTA MÁS SEDOSA Y ATERCIOPELADA

~~~~~~

Elaborada con una simple mezcla de harina tipo 00 (00 significa que es superfina) y sémola fina, que tiene un sabor maravilloso y un color dorado, así como yemas de huevo de granja, esta es mi mejor receta para elaborar pasta fresca.

PARA 8 PERSONAS | 30 MINUTOS, MÁS EL REPOSO

LA MASA   Poner **400 g de harina tipo 00** y **75 g de sémola fina** en un bol grande y hacer un pozo en el centro. Separar las claras de las yemas de **12 huevos grandes** y añadir las yemas en el pozo (congela las claras para hacer merengues otro día). Añadir **2 cucharadas de aceite de oliva extra virgen** y 4 cucharadas de agua fría, batir las yemas con el tenedor y, poco a poco, incorporar la harina de fuera hacia dentro hasta que la masa esté demasiado dura para mezclarla. Con las manos enharinadas, juntar la masa en un bollo, amasarla sobre una superficie enharinada 4 minutos o hasta que esté suave y elástica (los huevos pueden variar de tamaño y la harina en humedad. Esta masa no debe ser demasiado húmeda ni seca, pero puedes añadir un poco de agua o harina si es necesario; usa el sentido común). Envolver en film y dejar reposar 30 minutos.

ESTIRARLA   Dividir la masa en 4 porciones, cubrirlos con un paño de cocina húmedo para que no se sequen. Estirar cada porción con un palo de amasar o, para ser más preciso y también más divertido, en una máquina de pasta firmemente sujeta a una mesa limpia.

PASO 1   Trabajando con una porción de masa por vez, aplanarla con la mano y pasarla por la máquina en la posición más gruesa de los rodillos. Pasar de nuevo la masa ajustando la posición de los rodillos para hacerla más delgada. Doblarla por la mitad y volverla a pasar por la posición más gruesa. Me gusta repetir la operación un par de veces porque la masa queda supersuave y de parecer una sábana gastada se convierte en una masa lisa que pasa sin problema por la máquina.

PASO 2   Ir pasando la masa por cada posición de los rodillos enharinándola todas las veces. Girar la manivela con una mano mientras con la otra se sujeta la masa dándole un poco de tensión para evitar arrugas, pliegues y dobleces. Sobre una superficie enharinada, estirarla al grosor deseado, generalmente unos 2 mm, para hacer linguine, tagliatelle y lasaña, y 1 mm para cualquier pasta rellena, porque al doblarla para tapar el relleno la masa tendrá 2 mm. Recuerda que unas formas son más fáciles que otras, pero con un poco de paciencia y práctica, le irás tomando la mano. ¡Diviértete!

CALORÍAS	GRASAS	GRASAS SATURADAS	PROTEÍNAS	CARBOHIDRATOS	AZÚCAR	SAL	FIBRA
373 kcal	17,3 g	3,9 g	13,7 g	41,1 g	0,8 g	0,1 g	1,6 g

MI SALSA DE TOMATE

TOMATES CHERRY DULCES, AJO, AJÍ PICANTE Y ALBAHACA

Utilizando tomates cherry en conserva de la mejor calidad, que tienen un dulzor natural maravilloso, se consigue una salsa realmente elegante y contundente que es una oda al verano, aunque puede prepararse durante todo el año. Con solo probarla, te verás transportado a las cálidas noches de verano italianas: ¡no se puede competir con eso! Esta salsa funciona muy bien en muchas recetas de este libro, como mis gnudi (véase pág. 182) y la pizza fritta (véase pág. 306), y, para ser sincero, me gusta hacer una buena cantidad cuando tengo tiempo, así está lista para usar en todo tipo de platos durante los días siguientes. Es uno de los básicos del freezer y una receta que espero que repitas con asiduidad. Disfrútala.

PARA 1 LITRO APROXIMADAMENTE | 20 MINUTOS

4 dientes de ajo

aceite de oliva

2 ajíes picantes rojos frescos

1 manojo grande de albahaca fresca (60 g)

1,60 kg de tomates cherry en conserva de calidad

Pelar y cortar en finas láminas los ajos y ponerlos en una cacerola grande a fuego medio con 2 cucharadas de aceite. Sofreír hasta que empiecen a dorarse, removiendo de vez en cuando. Cortar los ajíes picantes por la mitad longitudinalmente (sin semillas si se desea) y añadir a la cacerola. Agregar la albahaca en trozos (con los tallos). Estrujar los tomates con las manos limpias, enjuagar cada lata de los tomates con un poco de agua y verter todo en la cacerola. Levantar el hervor y cocer a fuego lento de 10 a 15 minutos.

Apartar la cacerola del fuego. Se puede dejar la salsa tal cual, aunque a mí me gusta pasarla por un tamiz grueso para aprovechar toda su esencia. Probar, sazonar a gusto con sal marina y pimienta negra, y listo. Puede usarse la salsa inmediatamente o guardarse en la heladera bien tapada hasta 1 semana, o repartirse en bolsas de cierre hermético, etiquetarse y congelarse en porciones para futuras recetas.

ESTOS VALORES SON PARA 100 G

CALORÍAS	GRASAS	GRASAS SATURADAS	PROTEÍNAS	CARBOHIDRATOS	AZÚCAR	SAL	FIBRA
42 kcal	2,5 g	0,4 g	1,4 g	3,8 g	3,2 g	0,1 g	0,7 g

ALIOLI

SEDOSO, PICANTE Y DELICIOSO

~~~~~~

Participar en el ritual de preparar un buen alioli es una maravilla. El proceso ha hecho fracasar a más de un cocinero y no porque sea difícil o complicado, sino porque es una emulsión de aceite y yema de huevo: si se agrega demasiado aceite o demasiado rápido, puede cortarse fácilmente; en definitiva, es un método que exige concentración. Entonces, ¿por qué hacerlo? La mayoría de las mayonesas compradas en los comercios, que serían su base, no usan aceite de calidad, así que en tus manos está hacer algo especial para relamerse. El alioli es similar a una mayonesa, pero picante, casi acre, con la fuerza del ajo crudo. Es un condimento nada discreto pero que, bien hecho y usado en el plato correcto y con moderación, resulta fenomenal. Lo que en estado crudo podría ser demasiado rotundo, mezclado con moderación con una sopa caliente puede convertirse en algo fantástico, y untando una cucharadita sobre una tostada caliente con carnes asadas frías o cangrejo aderezado y un poco de limón, descubre un nuevo nivel de delicias, así que trátalo más como un tabasco o una mostaza inglesa, como un antagonista.

PARA 1 FRASCO | 25 MINUTOS

2 huevos grandes

100 ml de aceite de oliva
  extra virgen prensado en frío

300 ml de aceite de oliva suave

1 limón

1 diente de ajo

Separar las claras de las yemas de los huevos (guardar las claras para otra receta) y poner las yemas en un bol grande. Poner un paño mojado sobre la superficie de trabajo para poder apoyar el bol sin que resbale. Batiendo con un batidor de mano, añadir el aceite de oliva extra virgen y luego el aceite de oliva, gota a gota para que no se corten las yemas, acelerando el goteo a medida que se avanza; cuando empiece a espesar, verter un chorrito de jugo de limón, seguir añadiendo aceite, y más limón cuando sea preciso aclararlo. Sazonar a gusto y agregar más limón si fuera necesario. Si se desea un sabor más fuerte, añadir aceite de oliva extra virgen, o aceite de oliva normal para suavizarlo. Esta sería la base.

Pelar el ajo y machacarlo en un mortero con una pizca de sal, añadirlo para obtener un alioli potente, que puede usarse en numerosos platos. A veces añado sabores extra, según el plato al que acompaña, lo que hace que el alioli sea siempre sorprendente. Pruébalo con 4 filetes de anchoa machacados, unas hierbas frescas o ajíes picantes frescos picados a gusto, o incluso un poco de azafrán puesto en remojo en agua hirviendo.

ESTOS VALORES SON PARA 1 CUCHARADA

CALORÍAS	GRASAS	GRASAS SATURADAS	PROTEÍNAS	CARBOHIDRATOS	AZÚCAR	SAL	FIBRA
246 kcal	27 g	4 g	0,5 g	0,1 g	0 g	0 g	0 g

PESTOS FÁCILES

El pesto se puede hacer con cualquier combinación de hierbas y frutos secos, pero aquí encontrarás cuatro de mis favoritos: albahaca y piñones, mirto y nueces, perejil y avellanas, rúcula y almendras. Cualquiera que sea el que elijas, pon las hojas de **un manojo de hierbas frescas (30 g)** en un mortero y aplástalas con una pizca de sal marina hasta obtener una pasta. Pela y machaca **1 diente de ajo pequeño y 100 g de los frutos secos elegidos** hasta que esté fino. Añade **6 cucharadas de aceite de oliva extra virgen, 50 g de pecorino o de parmesano rallado**, el jugo de ¼ de limón, y mezcla y sazona a gusto. *Bellissimo!*

CONSERVA DE TOMATE

EL SABOR DEL VERANO EN FRASCO

Quizá te preguntes si vale la pena hacer la siguiente receta cuando puedes comprar excelentes tomates en conserva. La respuesta es sí, sí y sí. Considéralo un placer que te permite crear algo sorprendente y opíparo a base de tomates. Cuando están maduros y deliciosos, tanto si los cultivas tú mismo y tienes una sobreproducción como si en tu mercado local de verduras al final del día hay cajas enteras de tomates maduros que se venden a buen precio, es el momento de hacer tus propias conservas en frascos o botellas de vidrio. Esta maravillosa delicia puede suavizar cualquier guiso, salsa o plato de pasta con los seductores sabores del verano: es dulce, fresca y su sabor es como el olor de los invernaderos.

PARA 6 FRASCOS | 45 MINUTOS, MÁS ESTERILIZADO Y ENFRIADO

Preparar frascos de vidrio limpios con tapas herméticas (para hacerse una idea, unos **2 kg de tomates maduros** llenarán unos 6 frascos de mermelada). Lavar los tomates y retirar los tallos. Según su tamaño, cortarlos por la mitad o en cuartos, meterlos en los frascos alternando con una hoja de **albahaca fresca**, una rodaja de **ajo pelado** y una pizca de aderezo. La mayor parte de la conserva de tomate la hago de este modo, pero también me gusta añadir sabores a algunos frascos. Los **filetes de anchoa** intercalados se funden y le aportan profundidad de sabor, o a veces añado **ají picante fresco en láminas** para darle un toque picante. Si tengo tomates de diferentes colores, me gusta mantenerlos en frascos separados.

Con el mango de una cuchara de madera, presionar y comprimir todo para que los frascos queden bien llenos; es importante que no queden huecos, así que se puede añadir más tomates si fuera necesario. Una vez llenos, verter un chorrito de **aceite de oliva** para sellar cada frasco y enroscar la tapa bien fuerte. Sumergir los frascos en una cacerola grande con agua hirviendo, hervirlos durante 30 minutos para cocer ligeramente los tomates y esterilizar los frascos. Apagar el fuego y dejar enfriar toda la noche en el agua. La conserva se mantendrá hasta 3 meses en un lugar fresco y oscuro. Una vez abiertos, conservarlos en la heladera y usarlos en el plazo de una semana. Créeme, una vez que los pruebes, ¡no durarán mucho!

			ESTOS VALORES SON PARA 100 G				
CALORÍAS	GRASAS	GRASAS SATURADAS	PROTEÍNAS	CARBOHIDRATOS	AZÚCAR	SAL	FIBRA
17 kcal	0,3 g	0,1 g	0,7 g	3,1 g	3,1 g	0,1 g	1 g

MASA DE ACEITE DE OLIVA

HOJALDRADA, CRUJIENTE Y LIGERA

La masa elaborada con aceite de oliva es muy común en las zonas más cálidas del Mediterráneo. Se puede usar tanto para recetas dulces como saladas; es muy fácil de hacer, más digerible que la masa hecha con manteca y, aunque se desmenuza más fácilmente, al tratarse de una masa rústica es fácil volver a unirla. Incluso puedes rallarla o cortarla en tiras si es necesario, para darle la forma de cualquier molde que quieras usar; la técnica que te presento aquí es más *amateur*, pero me gusta un montón.

PARA 1,5 KG APROXIMADAMENTE | 10 MINUTOS, MÁS ENFRIADO

1 kg de harina tipo 00, y un poco más para enharinar

opcional: ½ cucharadita de azúcar negra

4 huevos grandes

200 ml de aceite de oliva suave

100 ml de aceite de oliva extra virgen

Poner la harina en un bol grande con una buena pizca de sal marina y, si fuese para una receta dulce, entonces azúcar. Hacer un pozo en el centro, agregar los huevos, añadir los dos aceites y 120 ml de agua templada. Batir la mezcla con un tenedor, incorporando gradualmente la harina desde el exterior hasta que la masa se junte, formando un bollo.

Pasarla a una superficie limpia y amasar un par de minutos, envolverla en film y reservar en la heladera por lo menos 1 hora antes de usarla, donde se mantendrá bien un par de días. Incluso se pueden forrar los moldes que se vayan a usar y congelarlos, listos para hornear congelados. Para estirarla, simplemente usar un palo de amasar sobre una superficie enharinada hasta conseguir el grosor deseado o hacerlo con la técnica que he descrito en la introducción.

ESTOS VALORES SON PARA 100 G

CALORÍAS	GRASAS	GRASAS SATURADAS	PROTEÍNAS	CARBOHIDRATOS	AZÚCAR	SAL	FIBRA
630 kcal	32,4 g	4,8 g	16,8 g	67,9 g	1,8 g	0,3 g	2,6 g

CÓMO LIMPIAR ALCAUCILES

Preparar alcauciles es un ritual agradable, ameno y concienzudo, y participar en él me parece incluso muy relajante. Las siguientes instrucciones te ayudarán a preparar los alcauciles morados italianos, que utilizo a lo largo de este libro. Además, si tienes una parcela de tierra, cultivar alcauciles es más que fácil, el aspecto de la planta es extraordinario, y su rendimiento, bastante alto. Teniendo en cuenta que comprarlos puede ser bastante caro, cultivarlos uno mismo podría ser muy provechoso. Antes de comprar los alcauciles, somételos a una ligera presión para comprobar que son firmes y están en su mejor momento.

Exprimir el jugo de unos limones en un bol grande con agua fría y echar también las cáscaras exprimidas en el bol, reservar una mitad para frotar los alcauciles. Estos se oxidan y pierden el color rápidamente al exponerlos al aire, por lo que es importante frotarlos con ácido mientras se preparan y mantenerlos sumergidos en el agua con limón.

Trabajando con un alcaucil por vez, retirar las hojas exteriores, aproximadamente la mitad del total, hasta llegar a las interiores, más tiernas, de un color blanco-amarillento. Con un cuchillo afilado, cortar 5 cm por debajo y por encima de la base del alcaucil y frotar los cortes con limón. Pelar el tallo con un cuchillo pequeño o un pelador de verduras hasta llegar a la pulpa suave del centro. Frotar con una mitad de limón.

Introducir una cucharilla en medio de las hojas y retirar los pelos del centro. Comprobar que no quede ninguno. Exprimir un poco de jugo de limón.

Una vez limpios, pueden usarse enteros, cortados por la mitad o en cuartos, según la receta. O, por supuesto, cartarlos en láminas o en trozos o como se desee. ¡Las posibilidades son infinitas!

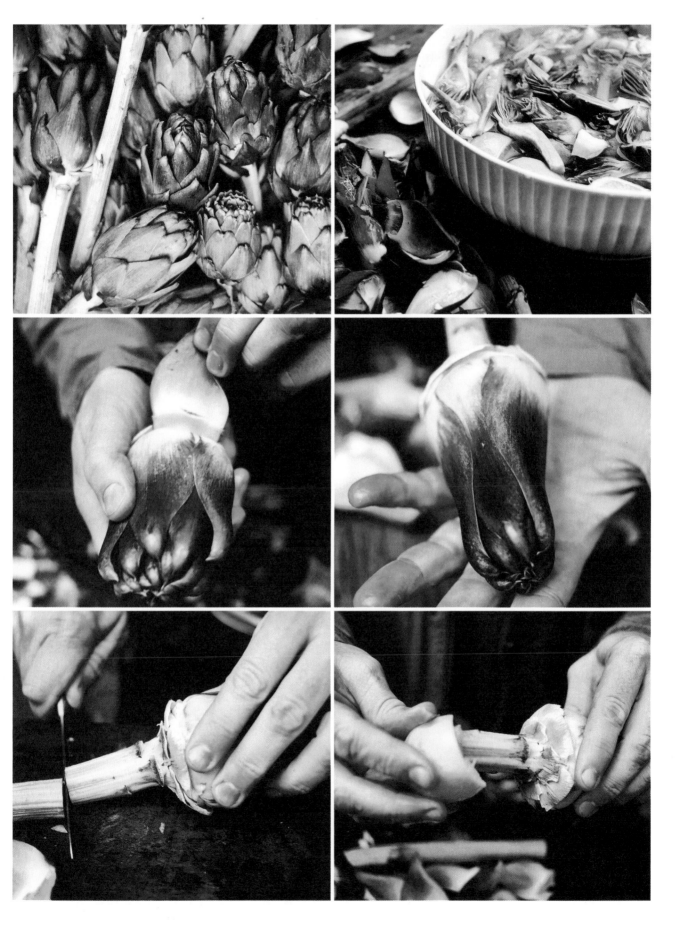

SAL AROMATIZADA

HIERBAS, ESPECIAS, AJÍ PINCATE, LIMÓN Y HONGOS

~~~~~~

En Italia, lo habitual es que cada región utilice los condimentos locales. Los italianos son muy proclives a utilizar todas las especias y hierbas que abundan en su zona mezclándolas con sal para crear un condimento de increíble sabor. Te darás cuenta de que estas mezclas a menudo definen los sabores característicos de la región. Además de ser delicioso, añadir aromatizantes a la sal equivale a optimizar su costo, porque el resultado de potenciar su sabor es reducir el consumo de sal, algo que siempre es positivo.

PARA 1 TARRO | 15 MINUTOS, MÁS EL SECADO

1 cucharadita colmada
    de semillas de kümmel

1 cucharada de granos
    de pimienta blanca

1 cucharada de semillas
    de hinojo

6 clavos de olor

4 ajíes picantes rojos secos

2 cucharadas de orégano seco,
    si es posible con flores

20 g de hongos porcini
    (*Boletus edulis*) secos

1 diente de ajo

1 limón

2 hojas de laurel fresco

400 g de sal marina

Poner las especias secas, los ajíes picantes, el orégano y los hongos en un una procesadora y triturar hasta que estén finos. Pelar y añadir el ajo, la ralladura fina de limón, las hojas de laurel y triturar de nuevo. Agregar la sal marina y triturarla tan fina como se pueda. Puede que tengas que trabajar en tandas, y es útil parar la procesadora de vez en cuando para mezclar los ingredientes con una espátula de goma. Extender la mezcla en una bandeja y dejarla secar toda la noche, o al sol, hasta que esté dura y crujiente.

Al día siguiente, machacarla, pasarla por un tamiz grueso para que quede un polvo fino y guardar la sal en un tarro (generalmente pongo unos granos de arroz en el fondo del tarro para que absorban el exceso de humedad).

ESTOS VALORES SON PARA 1 CUCHARADITA

CALORÍAS	GRASAS	GRASAS SATURADAS	PROTEÍNAS	CARBOHIDRATOS	AZÚCAR	SAL	FIBRA
1 kcal	0 g	0 g	0,1 g	0,1 g	0 g	3,4 g	0 g

CÓMO CORTAR UN POLLO

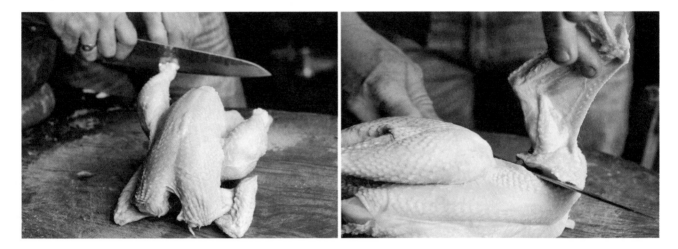

1 Romper los nudillos y cortarlos por la articulación con un cuchillo afilado.

2 Estirar las alas, separarlas de la base y cortar algo de pechuga para obtener una porción generosa.

3 Cortar ligeramente la piel entre el muslo y la pechuga, para que el muslo caiga hacia un lado.

4 Doblar el muslo hacia atrás para separarlo y girar la pechuga hacia abajo.

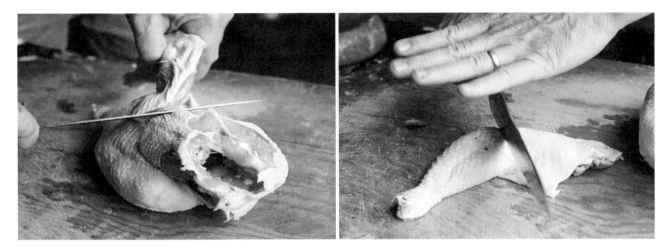

5 Cortar entre el muslo y la pechuga para separar el muslo entero. Repetir con el otro muslo.

6 Encontrar la articulación entre el contramuslo y el muslo. Golpear el cuchillo con la mano y cortar el hueso, para separarlos. Repetir.

7 Dejando las pechugas en el hueso, cortar con cuidado entre las pechugas y la columna vertebral para separar la parte delantera y posterior del ave.

8 Cortar entre las pechugas y el hueso para separarlas. Después cortar cada pechuga a lo ancho con el hueso, para obtener dos trozos grandes.

NOTAS DEL EQUIPO DE NUTRICIÓN DE JAMIE

El trabajo de nuestro equipo consiste en comprobar que todas las recetas cumplan las directrices preestablecidas, y así Jamie solo tiene que ocuparse de ser todo lo creativo que quiera al inventarlas. Cada libro tiene un propósito distinto, y el objetivo de *Jamie cocina en Italia* es rendir un homenaje a la cocina italiana ofreciendo tanto recetas que puedes disfrutar cada día como otras más elaboradas, para los fines de semana y ocasiones especiales. Con el fin de que puedas tomar decisiones bien fundadas, en la página de cada una de las recetas encontrarás su contenido nutricional; así tendrás un punto de partida muy sencillo para saber cómo y cuándo incorporarla a tu dieta semanal. Recuerda que una dieta variada y equilibrada y el ejercicio regular son las claves para un estilo de vida más saludable. Si deseas más información sobre cómo analizamos las recetas, visita jamieoliver.com/nutrition.

Rozzie Batchelar. Jefa de Nutrición, RNutr (Alimentación)

CONSEJOS GENERALES Y TEMPERATURAS DE CONGELACIÓN Y HORNEADO DE LOS ALIMENTOS

Soy de la opinión de que comer carne no supone ningún problema si el animal ha sido bien criado, ha podido moverse con libertad, ha vivido en un entorno sin estrés y ha gozado de buena salud. Me parece lógico pensar que lo que entre en nuestro organismo debe ser óptimo en todos los sentidos para que nos aporte los máximos beneficios. También pienso que debemos esforzarnos por comer más platos a base de verduras, hortalizas y legumbres, y disfrutar de la carne, siempre de la mejor calidad, menos a menudo. Tenlo en cuenta y elige carne orgánica, de animales criados en libertad siempre que puedas, y asegúrate de que la ternera o el cordero se hayan alimentado con pasto. Lo mismo vale para los huevos y cualquier alimento que contenga huevo, como la pasta fresca: elige siempre productos *free* u orgánicos. Y el caldo, por favor, también orgánico.

Cuando vayas a comprar pescado, asegúrate de que su origen es una fuente responsable: busca la ecoetiqueta MSC o pregúntales a tu pescadero o a los dependientes de la sección de pescadería de tu supermercado. Varía las opciones según la estación y elige pescados sustentables.

No podría defender con más ahínco que los productos lácteos básicos, como la leche, el yogur y la manteca, deben ser orgánicos. Son algo más caros, pero no hablamos de una gran diferencia, como sería el caso de la carne. Además, cada vez que compras ecológico estás apostando por un sistema alimentario mejor.

Por último, para ayudar a elevar tus platos italianos a su máximo potencial, te recomiendo encarecidamente que compres los mejores aceites de oliva, alcaparras, anchoas en lata o en frasco, tomates en lata y aceitunas de carozo que puedas conseguir y permitirte; sin duda alguna, la relación calidad precio será óptima.

Deja que los alimentos se enfríen antes de congelarlos, dividiéndolos en porciones para que se enfríen más rápido y que puedas introducirlos en el freezer como máximo 2 horas después de su cocción. Asegúrate de que todo esté bien envuelto, especialmente la carne y el pescado, y de que esté etiquetado, para futura referencia. Descongela en la heladera antes de usar. Como regla general, si has congelado alimentos cocidos no vuelvas a congelarlos después de recalentarlos.

Las recetas de este libro se han probado en hornos con aire, pero puedes encontrar en línea el equivalente para hornos eléctricos convencionales y hornos a gas.

¿CON GANAS DE MÁS?

Más información práctica sobre nutrición, videos, artículos especiales, sugerencias, trucos
y consejos acerca de temas diversos, recetas fantásticas y mucho más en

JAMIEOLIVER.COM

GRAZIE

He trabajado en este hermoso libro, y en el programa de televisión que lo acompaña, durante los últimos 18 meses. Ha sido una labor meticulosa nacida del amor, y en este viaje y en la creación física del libro me han ayudado muchas personas, tanto en Italia como en el Reino Unido. No me es posible mencionarlas a todas aquí, pero en las páginas anteriores has podido ver una pequeña muestra de las maravillosas personas que he conocido.

Mi equipo y yo hemos experimentado una gran hospitalidad y amistad dondequiera que hemos viajado para visitar tanto a viejos como a nuevos amigos. Debo hacer una mención especial a mis queridos amigos de la Toscana, Luca Sanjust de Petrolo, Giovanni Manetti de Fontodi y el increíble Dario Cecchini, así como a mi elegante cuñado Salvatore Cimmino, que nos ayudó presentándonos a muchas personas en Nápoles y otros lugares.

Espero que a lo largo de este libro hayas disfrutado leyendo acerca de algunas de las nonnas tan increíblemente inspiradoras que conocí. Además de agradecerles que me recibieran con los brazos abiertos, debo extender mi gratitud a sus familiares y amigos, quienes nos cuidaron y cuidaron de las nonnas, y que, dondequiera que estuvimos, fueron siempre muy serviciales y amables.

Todo mi amor para mi familia, Jools, Poppy, Daisy, Petal, Buddy y River, por pilotar la nave mientras estuve por Italia y por apoyarme siempre en todo lo que hago. Y, además, mucho amor a mis maravillosos padres, a Anna, y también a la señora Norton y a Leon Manzi.

A mi maravilloso equipo culinario. Algunos de ustedes han viajado conmigo por montañas e islas, y la ayuda de otros ha consistido en probar estas recetas hasta el final.

Me siento muy agradecido por todo lo que hacen y muy feliz de que hayamos podido compartir este extraordinario viaje tan inspirador. A la reina de la banda, Ginny Rolfe: sé que no resulta fácil estar lejos de tus hijos y cuidarnos a mí y a Gennaro en lugar de cuidarlos a ellos, así que gracias. A su pandilla de chicas, Abi *Scottish* Fawcett, Christina *Boochie* Mackenzie, Maddie Rix, Jodene Jordan, Elspeth Allison, Sophie Mackinnon y Rachel Young: son todas fantásticas y, desde luego, están muy por encima de la media. A mi amigo australiano, Jonny Lake, que ya ha vuelto a su patria, y al nuevo chico estrella del grupo, Hugo Harrison: muy bien, chicos. A los indispensables pilares que son para mí Pete Begg y Bobby Sebire, mis leales soldados, gracias por toda su ayuda, como siempre. A Rozzie Batchelar, nutricionista y amante de las tortas, muchas gracias por todo lo que haces. Sin Jo Lewis, Athina Andrelos, Bianca Koffman y Helen Martin nada habría sido posible: gracias, chicas. Y todo mi amor a mis magníficos probadores de recetas Isla Murray, Becca Sulocki y Pip Spence.

A mis magas de las palabras, mi siempre paciente editora Rebecca *Rubs* Verity, y al equipo ninja de la revisión, Beth Stroud y Frances Stewart. Son todos increíbles y estoy seguro de que no los merezco. Gracias por todo lo que hacen.

A David Loftus, el maestro de la fotografía, gracias por todas estas magníficas fotos, amigo, tanto de los platos como de los extraordinarios reportajes y retratos. El nivel visual de este libro es impresionante y es mérito tuyo.

En cuanto al equipo de diseño, todo mi afecto para mi amigo James Verity, de la agencia creativa Superfantastic,

MILLE!

por conseguir siempre que el resultado sea atractivo y original. Este es un gran libro que ha supuesto un ingente trabajo, y yo no podría sentirme más feliz por ello. Gracias.

Mi editorial desde hace ya tantos años, Penguin Random House, con el gran jefe Tom Weldon al frente, ha sido y es para mí un apoyo constante. Un *gracias* enorme, como siempre, al equipo central, la encantadora Louise Moore, el tatuado y genial Hamilton, y a los increíbles Juliette Butler, Nick Lowndes, Elizabeth Smith, Bek Sunley, Clare Parker, Chantal Noel y Chris Turner. Y a todos los maravillosos integrantes de sus respectivos equipos, Katherine Tibbals, Annie *Legendary* Lee, Pat Rush, Caroline Pretty, Emma Horton, Caroline Wilding, Stuart Anderson, Jenny Platt, Anjali Nathani, Catherine Wood, Lucy Beresford-Knox, Celia Long, Sarah Davison-Aitkins, Ben Hughes, Lucy Keeler, Rachel Myers, Chris Wyatt, Tracy Orchard, Lee-Anne Williams y Jessica Sacco.

En cuanto a mis colaboradores directos, mucho amor para la pandilla de relaciones públicas y marketing, Jeremy Scott, Tamsyn Zietsman, Laura Jones y Natalie Woolfe, y a Subi Gnanaseharam, de redes sociales. Mucho afecto a mi director ejecutivo, mi querido cuñado Paul Hunt, y a las prodigiosas Louise Holland, Claire Postans, Zoe Collins y Sy Brighton. No tengo espacio para incluir a todos los de la oficina, pero, por favor, no duden de que los quiero y que aprecio todo lo que hacen en el trabajo del libro y en televisión. A todos mis maravillosos equipos: alimentación, técnico, nutrición, editorial, marketing, comunicación, arte, redes sociales, video digital, personal, legal, operaciones, TI, finanzas, P&D, instalaciones: ¡son todos increíbles!

Hablemos ahora de televisión. Espero que disfruten tanto viendo los programas como nosotros durante nuestros viajes. En el equipo de redacción, mis más sinceras gracias a Katy Fryer, Nicola Pointer, Alana Moreno, Katie Millard, Mario Gangarossa y Dave Minchin. En la producción, gracias a Sean Moxhay, Susan Cassidy, Vicky Bennetts y Camilla Cabras. En cuanto al equipo, chicos, hemos compartido unos momentos realmente especiales durante la realización de esta serie; mi amor, como siempre, para Dave Miller, Olly Wiggins, Calum Thomson, Richard Shaw, Jonnie Vacher y Rollo Scott. Volviendo a la realidad, muchísimas gracias a la pandilla de edición: Emma Peach, Paul Frost, Simon Beeley, Jessica Parrish, Naz Abdullah, Page Shepherd, Emma Slack, Jamie Mac, Stephen Leigh, Annie Backhouse, Jon Hubbard, Andrew Mckenzie, Joanna Lincoln, Sophie Kennedy y Liz Roe. Valoro enormemente a los conductores y técnicos italianos, Alison Ercolani, Maria Laura Frullini, Giuseppe Gallucci, Ermanno Guida, Giorgio Vigna y Santino Rossello y los chicos de Twi2ted. Gracias, como siempre, a las encantadoras Julia Bell y Lima O'Donnell.

Del equipo de Channel 4, quiero dar las gracias a Jay Hunt por ser el realizador de esta serie. Les deseo a todos mucha suerte en el futuro. Muchas gracias también a Alex Mahon, Ian Katz, Sarah Lazenby, Kelly Webb-Lamb y Hanna Warren. Y mucho amor al maravilloso equipo de Fremantle por difundir esta serie a nivel mundial.

Por último, gracias a Gennaro Contaldo. En este libro hay mucho amor hacia él, y se lo merece. No podría haber hecho estos viajes a Italia sin su compañía, y guardaré para siempre el recuerdo de los momentos compartidos. Te quiero, G.

ÍNDICE

Las recetas marcadas con una V son vegetarianas

Para consultar la lista de todas las recetas sin lácteos, sin gluten y veganas de este libro, visita:

jamieoliver.com/jamiecooksitaly/reference

OTROS LIBROS
DE JAMIE OLIVER

FOTOGRAFÍA
David Loftus

DISEÑO
James Verity at Superfantastic

Oliver, Jamie
    Jamie cocina en Italia / Jamie Oliver. - 1a ed. - Ciudad Autónoma de
Buenos Aires : Grijalbo, 2018.
    408 p. ; 19x25 cm. (Ilustrados)

    Traducido por: Àngels Polo Mañá

    ISBN 978-950-28-1215-1

    1. Cocina. 2. Libros de recetas. I. Àngels Polo Mañá, trad. II. Título
CDD 641.5

Título original: *Jamie Cooks Italy*

Primera edición en la Argentina bajo este sello: diciembre de 2018

© 2018, Jamie Oliver
© 2018, Jamie Oliver Enterprises Limited, por las fotografías
Fotografías en págs. 149, 161, 163, 205, 213, 273, 369 de David Loftus y Jamie Oliver
© 2018, Penguin Random House Grupo Editorial, S.A.U.
Travessera de Gràcia, 47-49. 08021 Barcelona
© 2018, Àngels Polo Mañá, por la traducción

© 2018, Penguin Random House Grupo Editorial, S.A.
Humberto I 555, Buenos Aires
www.megustaleer.com.ar

Diseño: Superfantastic
Reproducción de color por Altaimage Ltd.
Maquetación: Fernando de Santiago

ISBN: 978-950-28-1215-1

Esta edición se terminó de imprimir en Graphicom, Italia

Penguin
Random House
Grupo Editorial

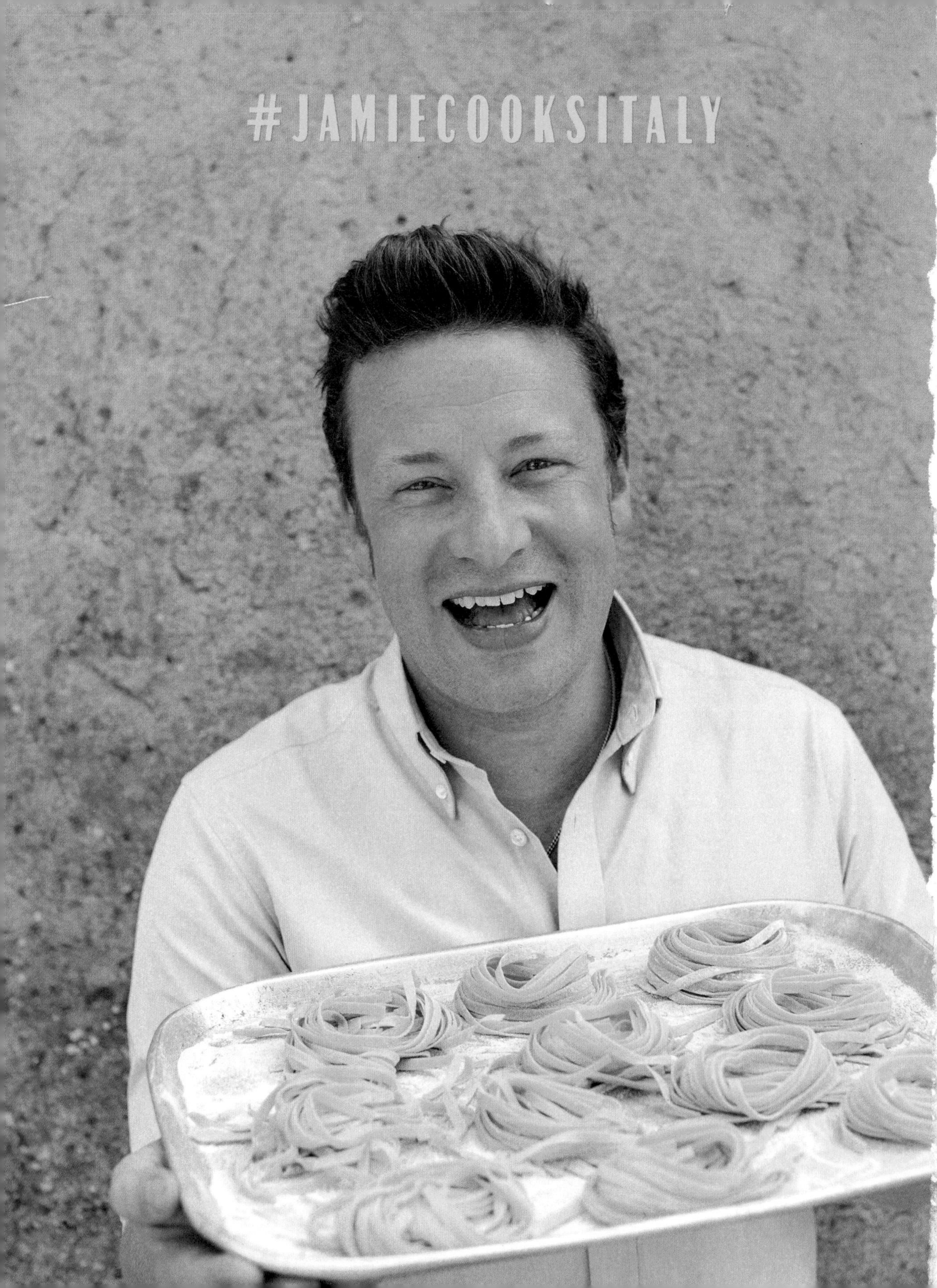
#JAMIECOOKSITALY